1781

»J«

Die sinnliche Frau

Hoffmann und Campe

Titel der Originalausgabe
»The Sensous Woman«

Deutsch von Greta Grisenbach

1. bis 20. Tausend 1971

Schutzumschlag und Einband Jan Buchholz und Reni Hinsch
Gesetzt aus der Korpus Garamond-Antiqua
Gesamtherstellung
Kleins Druck- und Verlagsanstalt, Lengerich
ISBN 3 455 03645 7. Printed in Germany

Inhalt

Zu Beginn ...

In den letzten fünf Jahren haben die Männer mir die entzückendsten Dinge erzählt - daß ich sexy bin, durch und durch eine Frau, jene vollkommene Mischung aus Salondame und wunderbarem Betthäschen, sinnlich und schön, eine moderne Aphrodite, aufregend zum Verrücktwerden, der Inbegriff der sinnlichen Frau.

Einige der interessantesten Männer von Amerika haben sich in mich verliebt. So verschiedenartige Persönlichkeiten wie ein Konzert-Pianist, ein Bestseller-Autor, Regisseur sehr beliebter Fernseh-Shows, ein Bomben-Experte vom CIA, ein Staatsanwalt, ein Obst-Züchter, ein Fernsehstar und ein Steuerberater haben mir Heiratsanträge gemacht.

Doch liefen wir einander zufällig auf der Straße über

den Weg, würden Sie es nicht glauben, denn ich bin nicht besonders hübsch. Ich habe kräftige Oberschenkel, plumpe Hüften, vorstehende Zähne, eine Himmelfahrtsnase, eine schlechte Haltung, Plattfüße und ungleiche Ohren.

Ich trage keine engen Röcke, keine kurzen Kleider oder Bikinis. Ich sprühe nicht vor Geist und habe keine besondere Ausstrahlung. In Wahrheit bin ich schüchtern. Mütter, Ehefrauen und Freundinnen sehen in mir den Typ des gesunden ordentlichen »Mädchens von nebenan« (was in übertragenem Sinn unsexy bedeutet).

Aber während jene Mütter, Ehefrauen und Freundinnen die aufreizende Blondine, die provozierend in einem Gewand mit Leoparden-Muster einherstolziert, zum Teufel wünschen, freue ich mich meines Lebens - und kriege Männer und *halte* sie auch. Denn mit Köpfchen und durch harte Arbeit bin ich eine sinnenfreudige Frau geworden.

Und das ist es, was fast jeder Mann will.

Mehr als Schönheit -

Mehr als sprühenden Geist -

Mehr als große hausfrauliche Fähigkeiten -

Mehr als eine vorbildliche Mutter für seine Kinder -

Will er eine sinnenfreudige Frau.

Denn sie läßt ihn *wissen,* daß er der bemerkenswerteste Mann ist, der je gelebt hat.

Frauen, die putzen, gut aussehen und Kinder großziehen können, gibt es wie Sand am Meer, aber eine Frau, die einem Mann das Gefühl der Einzigartigkeit geben kann, bedeutet ihm die ganze Welt.

Selbst wenn sie X-Beine haben, flachbrüstig sind,

schielen und Ihnen die Haare ausgehen, können Sie lernen, ihm dieses Gefühl zu vermitteln, und daraus werden wiederum wunderbare Vorteile für Sie selbst erwachsen wie etwa die *bereichernde Erfahrung eines wirklich vergnügten und erfüllten Geschlechtslebens*! Um das »Gewußt-wie« für all die erotischen Freuden, die Sie erwarten, zu entdecken, schlagen Sie die Seite um, und beginnen Sie zu lesen.

I

Sex - warum er als Nationalsport Nummer eins noch vor dem Fußball kommt

Einige der Erlebnisse, nach denen ich mich in meinem Leben am meisten verwirrt, enttäuscht und verlassen gefühlt habe, waren sexueller Art.

Einige der Erlebnisse, die ich in meinem Leben als die unweigerlich schönsten, überwältigendsten und von anderen am intensivsten geteilt empfunden habe, waren auch sexueller Art.

Da ich beides, das Gute und Schlechte, mitgemacht habe, ziehe ich das Gute vor.

Das werden Sie auch tun.

Das Geschlecht ist ein Teil von uns, dem wir nicht entrinnen können. Es ist von dem Augenblick unserer Geburt an vorhanden, wenn uns die Identität unseres Geschlechts gegeben wird - Junge oder Mädchen -, und es bleibt bei uns bis zu dem Tag, an dem wir sterben - wenn es auf dem Totenschein vermerkt wird.

Sie haben keine Möglichkeit, Ihrem Geschlecht ein Schnippchen zu schlagen, so nehmen Sie es hin und richten Sie Ihren Blick auf das Gute darin. Wer die Marke »weiblich« trägt, schuldet es sich selbst, die beträchtlichen Vorteile daraus zu ziehen, wie - nun, was halten Sie zunächst von jenen - das Recht, weich und schwach zu sein; den Luxus, daß einem Türen geöffnet, Päckchen getragen, Zigaretten angezündet und Stühle zurechtgeschoben werden; das Vergnügen, offen weinen zu können, wenn uns danach zumute ist; die Freude, alles von uns den Männern zu geben, die wir lieben; und (manchmal) das Entzücken, große Beute wie Diamanten-Kolliers, Rubin-Armbänder und Nerzmäntel zu bekommen.

Sie können sich auch glücklich schätzen, daß Sie nach 1900 geboren worden sind, denn Sie sind in eine Welt gekommen, die sich radikal geändert hat, seit es die wunderbar schockierende Entdeckung gibt, daß Frauen, *nette Frauen* - falls man ihnen die Möglichkeit gibt - im Bett ihre Freude und sogar gelegentlich einen Orgasmus haben können! Eine Menge Orgasmen!

Es geschah nicht von ungefähr, daß, als die Frauen entdeckten, es stecke für sie im Sex neben Babies noch etwas anderes, Fußball auf den zweiten Platz sank und der Liebesakt sich davor setzte und zum Nationalsport Nummer eins wurde. Denn sich gut und richtig zu lieben bereichert Geist und Sinn, entspannt die Muskeln, läßt einen für eine Weile alle Sorgen vergessen, hilft, einen erholsamen Schlaf finden, und ist eines von den wenigen wirklich schönen und befriedigenden Erlebnissen in dieser Welt, die nicht besteuert werden.

Der größte Gewinn, der bei den ganzen Liebesfreuden herausspringt, ist, daß Sie nicht allein sind. Sie haben einen Gefährten, der Sie, wenn Sie gut gewählt haben, bewundert, seine Freude an Ihnen hat, weiß, wie man nimmt und gibt, und zu den Männern gehört, die einem eine Brücke der Vertrautheit bauen helfen, die bis ins Herz, den Geist und die Seele einer jeden von Ihnen reicht.

So sollte es sein. Aber ist es das, was bei Ihnen geschieht? Wahrscheinlich nicht. Wenn Sie jedoch nicht mit jeder Faser Ihres Herzens daran arbeiten, daß die Dinge so werden, dann bringen Sie sich selbst unnötigerweise um viel Freude und Glück, da Sie *Ihre sexuelle und damit verbundene, vom Gefühl bestimmte Verhaltensweise selbst ändern können.* Ich habe es getan und auch viele meiner Freundinnen.

Es gibt ein paar glücklich veranlagte Mädchen, die anscheinend ohne jede Mühe ins Geschlechtsleben einsteigen, aber für die meisten bedeutet eine ganze Frau zu werden eine lange und oft mühsame Entwicklung. Wenige von uns erreichen das Ziel. Die Frauen von heute werden immer noch um vieles betrogen, und wir wissen es. Was aber dabei noch stärker entmutigt, ist, daß wir, die Opfer, uns die Schuld an unserer mißlichen Lage geben. Und es ist nicht unser Fehler. Wir sind nicht dumm oder uninteressiert oder faul. Es ist einfach, daß uns noch nie jemand genau gesagt hat, was man eigentlich tun kann, um wirklich sinnlich zu werden - innerlich und äußerlich.

Nicht einmal unsere Geschlechtsgenossinnen wollen mit uns gemeinsame Sache machen. Die Frauen, die jenen seltenen Zustand echter Sinnenfreudigkeit erreicht haben, halten ihren Mund darüber, wie sie dazu gekommen sind, ebenso wie ein Zauberer seine Tricks geheimhält.

Natürlich kann ich ihr Schweigen verstehen. Der Mangel an wirklich großen Männern zwingt selbst die begehrenswertesten Frauen, leise zu treten. Männer sind zerbrechliche Wesen. Wenn sie ihre Geburt überleben, kann man fast sicher damit rechnen, daß sie sich in Kriegen, Autos, durch Überarbeitung oder, wenn alles andere versagt, beim Schneeschaufeln zu früh selbst umbringen.

In einem so harten Konkurrenzkampf würde nur eine Närrin die Geheimnisse ihres Erfolgs mit einer für den Sex ansprechbaren Frau wie Ihnen teilen, aber jetzt werde ich alles enthüllen. Jemand muß meine Diät-Cola mit Wahrheits-Serum gewürzt haben.

Die nachweisbaren Hauptinformationsquellen für die Sexualität der Frau waren schon immer Romane, Ehebücher und Zeitungsartikel; viele wurden von Männern verfaßt. Das wichtigste Werk über Sex, *Die sexuelle Reaktion* von Masters und Johnson, berichtet, wie die Körper sich beim Liebesakt verhalten, wenn wir richtig reagieren, aber nicht, wie man zu dieser richtigen Reaktion gelangt, wenn wir so etwas noch nie gemacht haben oder wir ein sehr geringes Reaktionsvermögen haben.

Jahrelang war mein Reaktionsvermögen so gering, daß es nicht einmal auf dem empfindsamsten Seismographen abzulesen gewesen wäre. Wo waren das Streichkonzert von Höhepunkten, die brennenden Leidenschaften und die Augenblicke der Ekstase, von denen ich soviel gehört hatte? Irgend etwas schien bei mir nicht zu stimmen. Aber was? Zwei Psychologen sagten mir, daß ich keineswegs irgendwo psychisch blockiert sei (was den Sex anging, natürlich). Mein Frauenarzt versicherte mir, daß mein Körper normal sei - wenn weder meinem Geist noch meinem Körper etwas fehlte, dann mußte es für mich einen anderen Schlüssel zu sinnlichen Empfindungen geben.

Mein Instinkt sagte mir weiter, daß ich eine sinnliche Frau sein könnte; in mir staute sich wirklich eine Lawine von Leidenschaft, die nur darauf wartete, losgelassen zu werden. Irgendwie, auch ohne die Experten, würde ich diese Leidenschaft befreien.

Ich wollte, ich könnte sagen, daß es mir wie Schuppen von den Augen fiel, wie man eine sinnliche Frau wird - so als ich etwa »Gottes Hand« von Rodin im Metropolitan Museum bewunderte, staunend am Grand Canyon stand oder durch einen Buchenwald spazierte. In Wirklichkeit kämpfte ich mit einer Frau um ein Paar blauseidener Ausverkaufsschuhe bei Gimbel, als die Inspiration über mich kam. (Ich bin eine der besten Warenhaus-Ausverkaufs-Kämpferinnen der Welt.) Die Schuhe waren ein tolles Geschäft (6,99 Dollar, von 29,95 herabgesetzt, und ohne einen Fehler), und wenn ich auch Blasen in ihnen bekomme, beglücken sie mich als ein Andenken an jenen Augenblick, als mir das Rezept einfiel, wie mein Körper sexuell zu erwecken sei.

Innerhalb von sechs Monaten, nachdem ich mit meinem Sinnlichkeitsprogramm nach den Erkenntnissen bei Gimbel begonnen hatte, reagierte ich sexuell zufriedenstellend, und als ein Jahr um war, erklomm ich sogar wirkliche Höhen der Ekstase. Und machten mir Männer den Hof? Und wie, kann man nur sagen. Es war himmlisch. Ich war endlich eine sinnenfreudige Frau geworden, und dies war einfach so sagenhaft, wie ich es mir gedacht hatte.

Falls Sie nun denken, daß mein sexueller Durchbruch ein Zufall war und das Ganze bei niemand anders wirken würde, kann ich Ihnen nur von einigen Freundinnen erzählen, angefangen bei Carolyn (natürlich nicht ihr richtiger Name), die mir eines Nachmittags bei drei Whiskys auf leeren Magen gestanden hat, daß sie an dem Tag Geburtstag habe, sechsunddreißig Jahre alt, zweimal verheiratet gewesen sei, vor kurzem einen Liebhaber gehabt und immer noch nicht einen einzigen, auch nicht den winzigsten Orgasmus in ihrem ganzen Leben gehabt habe.

»Nicht, daß meine Männer im Bett nicht gut gewesen wären«, stöhnte Carolyn, »sie waren's nämlich wirklich. Und mein augenblicklicher Liebhaber ist hinreißend. Der Haken liegt bei mir. Aber warum! Ich bin mit zärtlichen Gefühlen bei der Sache, Sex macht mir Spaß, aber wie sehr ich mich auch bemühe oder auch nicht bemühe, ich fange nie Feuer. Ich glaube, für einen phantastischen Orgasmus würde ich meine Seele verkaufen. Ich würde alles hergeben, um herauszubekommen, was an der ganzen Sache dran ist.«

Carolyn hielt mich für verrückt, als ich ihr von meinem geheimen Sex-Programm erzählte, aber da sie ja nichts zu verlieren hatte, beschloß sie, wenigstens einen Versuch zu machen. Fünf Wochen später hatte sie ihren ersten Orgasmus, und innerhalb weniger Monate war sie fast jedesmal in der Lage, mit ihrem Liebhaber gemeinsam zum Höhepunkt zu kommen.

Eine der angenehmen Nebenwirkungen von Carolyns Durchbruch war, daß sie sich als Frau so viel sicherer fühlte und von ihrer nervösen Angewohnheit, an den Fingernägeln herumzukauen, abließ. Nun sind ihr Hände hübsch genug, um in einer Werbeanzeige für Hand-Creme zu erscheinen (und zwar nicht in irgendeiner Anzeige, sondern der für die *gute* Lotion). »Hm«, dachte ich mir. »Mein Programm wirkte bei mir und erzielte bei Carolyn auch einigen Erfolg. Warum sollte es nicht den meisten Frauen helfen?« Ich begann mit ein paar diskreten Tests, wie etwa bei meiner früheren Zimmergefährtin im College. Janet hatte keine Schwierigkeiten, zu einem Orgasmus zu kommen - *einem* Orgasmus. Aber dabei blieb's. Sie entdeckte, daß mein Sinnlichkeits-Programm sie dazu befähigte, während eines einzigen Liebesmanövers zwei oder drei zu haben. Ist sie gefräßig - ein Nimmersatt? Nein, einfach glücklich. Sie genießt den ganzen Geschlechtsakt jetzt mehr, und ihr Mann ist unglaublich stolz auf sich, weil er Janet so erregen kann. Sie läßt ihn sich das Ganze als Verdienst anrechnen. Das verleiht ihm mehr Spieleifer.

Natürlich ist an der Sinnlichkeit viel mehr dran als einfach nur Orgasmen, wie meine Freundin Grace entdeckt hat.

Grace ist schön. Tatsächlich gibt es Tage, an denen es geradezu deprimierend ist, mit ihr in einem Raum zusammen zu sein. Sie hat langes blondes Haar, vollkommene Gesichtszüge, große grüne Augen, eine hinreißende Haut, einen schlanken, geschmeidigen Körper. Sie könnte das Mädchen in den Rubinstein-Anzeigen für Kosmetikartikel sein. Man würde nicht denken, daß irgend jemand, der wie Grace aussieht, Schwierigkeiten mit Männern haben könnte, aber sie hatte sie. Ihr Mann Bill verbrachte immer mehr Abende im Büro - Sie wissen schon, arbeitete bis spät, um all den Papierkram aufzuarbeiten. Grace wußte, der »Papierkram« war eine andere Frau, aber sie wußte nicht, was sie dabei tun sollte. Als Grace es lernte, wie sie Bills Sehnsucht nach Abenteuern befriedigen konnte (Kapitel dreizehn), nahm er jeden Abend den frühen Zug heimwärts. Noch ein paar mehr Tatsachenberichte über Frauen, die ich gut kenne, und dann werde ich Ihnen helfen, es für sich selbst zu erlernen.

Bei meiner Nachbarin Kathy passierte nicht viel im Bett, da sie gar keine Zeit hatte, erregt zu werden. Ihr Ehegesponst war ein Fünf-Minuten-Mann, und - als wenn das nicht schon schlimm genug wäre - er hatte die Phantasie bestenfalls einer Mücke, wenn es sexuell abwechslungsreich wurde. Als Kathy begann, mit den die Ekstase verlängernden Techniken zu experimentieren, die ich in Kapitel elf im einzelnen für Sie aufgezeichnet habe, bekam Harold allmählich eine längere Ausdauer im Bett, und bald wurde es direkt abenteuerlich bei all dem, was er mit Kathy anstellte. Im letzten Monat hielt sie Harold eine halbe Stunde in Gang, und sie strebt eine ganze Stunde an. Jetzt, da Kathy so viel Sinnenfreude beweist, wäre ich nicht überrascht, wenn sie Harold schließlich zu einigen Liebessitzungen köderte, die zwei Stunden dauern.

Mein letztes Beispiel wird von vielen als ziemlich unmoralisch angesehen werden, aber Sie müssen zugeben, daß Sues Unmoral nichts wie Glück brachte.

Sue ist nicht besonders hübsch. Sie hat starke Knochen und wirkt klotzig (selbst nach Hungerkuren blieb sie recht stramm), sie ist einsachtzig groß und ohne Brille fast blind und hat, um es zart auszudrücken, eine große Nase. (Ich bin hier nicht biestig. Das ist Sues eigene Beschreibung von sich.) Die einzigen Verabredungen, zu denen es Sue brachte, waren unmöglich. Ich glaube, sie hält einen einsamen Rekord im Allein-Zuhause-Herumsitzen an Samstagabenden.

Als Sue fünfundzwanzig war, nahm sie die dreitausend Dollar, die sie sich von ihrem Job als Super-Sekretärin bei einer Elektronenfirma gespart hatte, und verbrachte den Sommer in Italien. Während die amerikanischen Jungen gedacht hatten, Sue sei ihre Zeit nicht wert, hielten die italienischen Männer, die bekannterweise von amerikanischen Frauen entzückt sind, Sue, wenn nicht direkt für überwältigend, doch zumindest für ihrer Beachtung wert.

Sue hatte ihr erstes sexuelles Erlebnis in Palermo -

und war sehr angetan. Am nächsten Morgen verließ sie ihre Reisegruppe und begab sich allein auf eine ganz besondere Tour. Statt sich auf die Museen und Landschaftswunder von Italien zu konzentrieren, verbrachte Sue ihre Sommer in den Betten von Italien und lernte dabei alles in ihrer Macht Stehende über die Kunst, einem Mann sexuell zu gefallen. Sie war eine ausgezeichnete Schülerin.

Die Sue, die in jenem Herbst nur zögernd heim nach Ohio fuhr, war ein anderes Mädchen. Sie sah ungefähr wie vorher aus, aber jetzt umgab sie eine sinnliche Aura, die gleich zwei Männer zu dem Entschluß brachte, sie würden gern mit ihr ausgehen. Sues Talente im Schlafzimmer machten beide Männer fast rasend (ja, sie schlief mit zwei Männern um die Wette). Heiratete sie einen von ihnen? Nein. Aber auch nichts Böses widerfuhr ihr, gleichsam als Bestrafung ihrer angeblichen Verkommenheit. Im Gegenteil - diese beiden um Sue herumflatternden Männer dienten als Aufmerksamkeitserreger, die ihr Jack ins Netz brachten.

Jack hätte normalerweise Sue keinen zweiten Blick geschenkt, aber er wurde so neugierig, was wohl zwei erstklassige Männer an einem solch reizlosen Mädchen finden konnten, daß er eines Abends, als er nichts Besseres zu tun hatte, Sue zum Essen einlud. Bei diesem ersten Rendezvous erkannte Jack, da er ihr seine ganze Aufmerksamkeit schenkte, daß sie intelligent, nett und eine außergewöhnlich gute Unterhalterin war. Sie fand heraus, daß Jack, wenn sie hinter sein gefälliges Äußeres sah, ein anregender und gescheiter Mann mit viel

Humor war. Sie entdeckten ihre gemeinsamen Interessen für Schauergeschichten von Nero Wolfe, die Kunst der Renaissance, Eislaufen, Jerry-Lewis-Filme und (hmm) die italienische Küche.

Er ging wieder mit ihr aus - und immer wieder. Als Sue schließlich Jack erlaubte, mir ihr zu schlafen (sie hatte es nicht eilig), war es wie ein Schrotschuß auf eine sitzende Ente. Einen Abend ihrer Kunst, und er hakte fest. Sie heirateten noch im selbem Frühjahr. Jetzt haben sie drei Kinder und erfreuen sich einer wirklich glücklichen Ehe.

Sinnenfreude half Sue, zu ihrem Traummann zu kommen, und sie hilft ihr, ihn festzuhalten. Wenn sie nicht den Mut gehabt hätte, sich über die moralischen Lehren ihrer Familie hinwegzusetzen, hätte Sue bei Jack nie eine Chance gehabt, denn er hatte anfangs nicht genügend Grips, um selbst zu sehen, daß sie eine ganz besondere Frau war. Er brauchte zwei andere Männer, die ihn darauf hinweisen mußten. Nun, ich habe Sue nichts beigebracht. Gerade umgekehrt. Sie war so freundlich, mir ein paar von ihren sensationellen, männerfesselnden Techniken zu vermitteln (Sie werden sie in den Kapiteln acht, elf und dreizehn finden). Ich habe sie ausprobiert, und das sollten Sie auch tun. Ihr »Mann« wird wiederkommen und nach mehr verlangen.

Viva Italia!

Hat je jemand mein Sinnlichkeitsprogramm versucht und damit Schiffbruch erlitten?

Ja, eine. Wer war es? Unwichtig. Ich habe Ihnen versprochen, in diesem Kapitel keine Tatsachenberichte mehr, und daran halte ich mich. Im übrigen glaube ich nicht, daß sie sich wirklich konzentriert und alles genauso gemacht hat, wie ich es ihr gesagt habe!

Nun möchte ich einen Augenblick um Ihre volle Aufmerksamkeit bitten. Ich weiß, daß Ihnen vieles, was Sie in diesem Buch lesen, ein wenig wie Scharlatanerie oder zumindest etwas exotisch vorkommen wird. Wenn mir vor ein paar Jahren die *Sinnliche Frau* in die Hand gedrückt worden wäre, hätte ich das Buch mit Vorsicht betrachtet.

Aber bedenken Sie dieses. Die *Sinnliche Frau* wirkte bei mir, einer Anzahl meiner Freundinnen und einigen ihrer Freundinnen Wunder. Ich denke, sie wird auch Ihnen helfen, und ich hoffe, Sie lassen es nicht bei einem Versuch bewenden. Wenn Sie jene lange Reise vom öden Geschlechtsakt zum berauschenden Sex beendet haben, werden Sie merken, daß sie die Mühe wert war.

Denn haben Sie den so überaus wichtigen Vorteil dabei vergessen, den ich schon erwähnt habe? Männer. Interessante Männer mit Sex. Denn Männer, die was los haben, können der Herausforderung und den die Phantasie ungemein beflügelnden Möglichkeiten der sinnlichen Frau nicht widerstehen. Ihr Geschlechts- und Liebesleben kann all das sein, was Sie sich davon erwarten. Ganz gleich, wie hoffnungslos Sie sich jetzt fühlen, sobald Sie das Programm in diesem Buch versuchen, werden Sie überrascht sein, wie's mit Ihrem Leben bergauf geht.

Sie möchten ein »Vollweib« werden, nicht wahr?

Dann auf, an die Arbeit.

2

Sex - er ist ganz eine Sache Ihres Köpfchens
Sie können es lernen, sinnlich zu sein

Sie haben alles, was Sie in diesem Leben getan haben, einmal *erlernt.* Ihr hübscher Kopf war der Kontrollturm, der Sie leitete, wenn Sie, um ein Ziel zu erreichen, durch Überlegen die falschen Wege gemieden haben. Er hat Sie dazu gebracht, sich zum erstenmal erfolgreich auf Ihren Beinen zu bewegen - zu sprechen, zu lesen, schreiben, singen, schwimmen, mit einem Scheckbuch umzugehen, Bridge zu spielen und mit den Verwicklungen fertigzuwerden, die beim Einkaufen mit begrenztem Haushaltsgeld auftauchen. Er hat Ihnen sogar dabei geholfen, sich die Kunst des Anklebens von falschen Wimpern anzueignen.

Ihr Kontrollturm wird Ihnen auch beibringen, wie man eine sinnliche Frau wird. Alles, was Sie zu tun haben, ist, sich zu entspannen, Ihren Kopf von all den vorgefaßten Meinungen zu reinigen, die für Ihre Sinnenfreude riesige Hindernisblöcke waren, und sich ganz auf neue Zeichen einzustellen. Es kümmert mich nicht, ob Sie wie ein Lastwagenfahrer oder Twiggy gebaut sind oder ob Sie wie Marylin Monroe in *Manche mögen's heiß* aussehen. Alles keine Entschuldigungen. Sie *können* einen Mann, der Ihrer Aufmerksamkeit wert ist, für sich gewinnen, ihn vor Begeisterung zur Raserei treiben und ihn dazu bringen, daß er immer wiederkommt - wild auf mehr.

Wie genau (ja, ich habe Ihnen versprochen, mich deutlich auszudrücken) werden Sie dieses Wunder zustande bringen? Vergessen Sie all den Quatsch, den Sie über rasante neue Make-up-Künste oder ein wunderwirkendes Korsett gelesen haben, mit dem Sie schlank und straff und umwerfend aussehen sollen (Sie müssen es ablegen, um ins Bett zu gehen, denken Sie daran), oder über ein hypnotisierendes Parfüm, das ihn unwiderstehlich zu Ihnen hinzieht.

Sie werden keine begehrenswerte Frau, indem Sie an sich herummalen oder Ihr Äußeres aufzäumen, sondern indem Sie eine Menge Qualitäten ergründen und polieren, die tief in Ihrem Innern vergraben liegen.

Zur Sinnenfreude gibt es vier Schlüssel:

1. Erhöhte Sensibilität
2. Sexuellen Appetit
3. Das Verlangen zu geben
4. Sexuelle Geschicklichkeit

In diesem und dem nächsten Kapitel werden wir uns

auf den ersten Schlüssel konzentrieren - erhöhte Sensibilität.

Beim Liebesakt ist Ihr Körper Ihr Instrument. Sie sollten sich nicht mit weniger als dem Besten einlassen. Ein Artur Rubinstein oder Van Cliburn würde sich nicht ein schepperndes, klangloses, ungestimmtes Klavier aussuchen, um auf ihm seine ganze Kunst zu entfalten.

Ich setze voraus, Sie wollen einen erstklassigen Liebhaber. Dann nehmen Sie zur Kenntnis, daß kein Mann mit Ihnen das Liebesspiel lange treiben wird, wenn Sie ihm nicht das Gefühl eingeben können, er sei ein Rubinstein an einem seiner besonders guten Tage.

So wollen wir Sie in einen Konzertflügel verwandeln. Sie mögen sich im Augenblick noch wie ein steifes, quiekendes Spinett vorkommen, aber nur Geduld. Die Übungen in diesem und dem nächsten Kapitel werden Sie auf den Weg zu einem begehrenswerten neuen Steinway führen.

Ich kann Sie genausogut gleich, bevor Sie weiterlesen, darauf hinweisen, daß es mir mit diesen Übungen tödlich ernst ist. Sie mögen Ihnen zuerst töricht erscheinen, aber das nur, weil Sie so etwas noch nie gesehen haben. Nach einer Weile werden Sie dabei nicht mehr lächerlicher aussehen oder sich so fühlen, als wenn Sie ihre müden schmerzenden Füße massieren, nachdem Sie den ganzen Tag darauf gestanden haben, oder als wenn Sie dabei ertappt werden, wie Sie Ihre Übungen zur Festigung Ihres Hinterteils machen, oder sich selbst mit cremebeschmiertem Gesicht und Lockenwicklern im Haar im Spiegel erblicken.

Sinnlichkeitsübung Nummer eins

Diese erste Übung ist dazu da, Sie Ihres Tastsinns bewußter werden zu lassen. Suchen Sie sich aus Ihrem Haushalt ein paar Gegenstände von verschiedenem Material zusammen wie einen Lederhandschuh, eine Puderquaste, einen Keks, eine Seifenschale, ein Nudelholz, eine Schüssel mit lauwarmem Wasser, ein samtweiches Handtuch, Ihre Perücke, einen Seidenschal, eine Scheibe Brot, ein mit Kordsamt überzogenes Nadelkissen, ein Stück Spitze, Federn, eine Perlenkette, das Blatt einer Pflanze und was auch immer Ihnen gerade einfällt, und legen Sie alles auf einen Tisch. Sorgen Sie für gedämpftes Licht. Setzen Sie sich in einen bequemen Sessel, verbinden Sie sich selbst die Augen, und dann streichen Sie etwa zehn Minuten mit den Händen langsam und *zart* über die Gegenstände. Lassen Sie sich das Besondere eines jeden Materials tief in Ihre Fingerspitzen einprägen.

Jetzt lehnen Sie sich im Sessel zurück und erschaffen im Geiste das Gefühl jedes Gegenstands neu, so daß sich Ihre Finger tatsächlich an die kühle Härte der Perlen, die rauhe Unebenheit der Spitze, die Stumpfheit des Kekses, die Luftigkeit der Puderquaste und die unerwartete Festigkeit des Kordsamts erinnern. Sie werden erstaunt sein über Ihre Tast-Erinnerung.

Sinnlichkeitsübung Nummer zwei

Machen Sie Ihren Oberkörper frei. Setzen Sie sich wieder an den Tisch und nehmen Sie mit geschlossenen Augen Gegenstände wie den Pelz und die Feder und das Handtuch in die Hand, und mit einem nach dem anderen streicheln Sie sanft Ihren Körper in folgender Reihenfolge: Nehmen Sie das Ding in die rechte Hand, beginnen Sie bei den Fingerspitzen der linken Hand und ziehen Sie den Pelz, die Feder, das Handtuch oder was auch immer *sehr* langsam die Handfläche entlang, über das Handgelenk an der Innenseite des Arms bis zum Hals hinauf, über die linke Wange, die Stirn, die Augenlider, die Nase, rechte Wange, Mund, Hals zu den Schultern hinunter, über den Oberkörper, die Brüste und darunter und zurück zum Tisch. Setzen Sie sich einen Augenblick zurück, ganz still mit geschlossenen Augen, und erinnern Sie sich der Empfindungen, die Sie gerade auf Ihrem Körper ausgelöst haben.

Beim nächsten Gegenstand übernimmt die andere Hand das Streicheln. Wenn Ihre Haut zu kribbeln beginnt und den eingebildeten Druck des Gegenstands spürt, werden Sie wissen, daß Sie diese Übung richtig machen.

Sinnlichkeitsübung Nummer drei

Diese hier ist höchst wirksam direkt vor dem Schlafengehen. Beziehen Sie Ihr Bett mit frischen Laken, sprühen Sie etwas von Ihrem Lieblingsparfüm oder Eau de Cologne darauf, schalten Sie das elektrische Licht aus, zünden Sie eine Kerze an und legen Sie eine von Ihren romantischen Lieblingsplatten auf oder suchen Sie in Ihrem Radio einen Sender, der sanfte einlullende Musik spielt.

Jetzt nehmen Sie ein langes heißes Bad, entspannen körperlich und schalten geistig ab. Trocknen Sie sich mit dem Handtuch ab, als wischten Sie eine sechshundert Jahre alte Ming-Dynastie-Vase ab, und dann strecken Sie sich splitternackt auf dem frisch gemachten Bett aus. Lassen Sie das Flackern der Kerze, den weichen Klang der Musik, die Weiblichkeit des Dufts, die Freiheit Ihres entblößten Körpers in sich hineinströmen.

Legen Sie sich auf die andere Seite -

Strecken Sie sich -

Rollen Sie sich zusammen -

Wölben Sie den Rücken -

Wackeln Sie mit den Zehen -

Dann nehmen Sie Ihre bevorzugte Hand- oder Körperlotion, lassen eine winzige eisige Pfütze davon zwischen Ihre Brüste und oberhalb Ihres Schambeins tröpfeln. Schließen Sie die Augen, und mit zartem Druck massieren Sie die Flüssigkeit in Ihre warme und durstige Haut. Nehmen Sie sich Zeit dabei. Schwelgen Sie in dem Gefühl Ihrer Hände, die sich liebevoll aller Kurven und Wölbungen Ihres Körpers annehmen.

Klingt das, als versuchte ich, aus Ihnen eine Narzißtin zu machen? Bis zu einem gewissen Grad ja. Solange Sie sich nicht an der Einzigartigkeit Ihres Körpers wirklich erfreuen können, werden Sie nicht fähig sein, sich in einer Liebessituation ganz hinzugeben. Einfach, weil Sie nicht gerade wie eine Raquel Welch gebaut sind, bedeutet das noch lange nicht, daß Sie nicht wirklich etwas ganz Besonderes sind. Ihre neue erkennende Art des Fühlens sollte Ihnen helfen, Ihre eigene ganz bemerkenswerte Konstruktion zu entdecken und stolz darauf zu werden.

Fertig mit dem Einreiben der Lotion? Gut. Wischen Sie alles Zuviel mit einem Handtuch ab, blasen Sie die Kerze aus, drehen Sie sich auf die Seite zum Schlafen zurecht. Wenn Sie diese Übung richtig ausgeführt haben, müßten Sie schneller einschlafen und mit einer gesünderen Haut aufwachen.

Sinnlichkeitsübung Nummer vier

Beim Liebesakt ist einer der wichtigsten Körperteile die Zunge. Wenn Sie zu den Vielrednerinnen gehören, ist dieses Organ schon ganz beweglich, aber Sie werden erstaunt sein, wie sehr die folgenden Übungen diese Beweglichkeit vergrößern und auch die Zunge kräftigen werden.

1. Strecken Sie die Zunge heraus, so weit Sie können.
2. Versuchen Sie Ihre Nase mit der Zunge zu berühren - fünfmal.
3. Umkreisen Sie mit der Zunge fünfmal im Uhrzeigersinn Ihre Lippen, und dann dasselbe noch einmal in entgegengesetzter Richtung - fünfmal.

Versuchen Sie, sich mit jeder Übung zu einer Anzahl von fünfundzwanzig Malen über eine Zeitspanne von einem Monat hinaufzuarbeiten.

Sinnlichkeitsübung Nummer fünf

Hierfür benötigen Sie ein wahrhaft köstliches Hilfsmittel - eine Waffel mit einer doppelten Portion Eiskrem. Erinnern Sie sich an jene erotische Eßszene in dem Film *Tom Jones*? Nun, Sie können »sinnlichem« Handeln entsprechend mit Ihrer Zunge an der Eistüte eine ganze Menge tun.

Zeichnen Sie mit Ihrer Zunge Kreis- und Strudelmuster auf das Eis, lecken Sie zart daran wie ein Kätzchen an der Milch, stülpen Sie Ihren ganzen Mund über die Eiskugel, bis Ihre Lippen die Tüte berühren, und dann ziehen Sie ihn langsam wieder zurück. Wenn das Eis in Rinnsälen an der Tüte entlang zu schmelzen beginnt, fangen Sie die Tropfen auf der Zungenspitze auf. Verweilen Sie über jedem Stückchen Eis und lassen Sie Ihre Geschmacksnerven das Leckere, das Kalte und die Materie voll auskosten.

Sinnlichkeitsübung Nummer sechs

Noch einmal die Zunge, und das ist bis jetzt die aufregendste Übung. Schließen Sie die Augen, lehnen Sie sich zurück und entspannen Sie sich. Nun gleiten Sie mit der Zunge über Ihre Fingerspitzen, hinunter an der Handfläche entlang und umkreisen die Mulde Ihrer Hand; machen Sie weiter bis zum Handgelenk hinunter und den Arm bis zum Ellbogen hinauf. Spüren Sie all das Verrückte, das sich in Ihnen regt? Wenn nicht, haben Sie bei den Übungen eins und zwei keine gute Arbeit geleistet. Fangen Sie von vorn an und konzentrieren Sie sich! (Ein Wort der Vorsicht hier. Ich empfehle *nicht* Übung Nummer sechs direkt nach Nummer drei.)

Sinnlichkeitsübung Nummer sieben

Übung Nummer sieben ist eine Lese- und Arbeitsaufgabe. Statt zu versuchen, alle jene überaus wichtigen Sexerzitien zu beschreiben, die Ihre zur Liebe notwendigen Muskeln wie die des Gesäßes, des Unterleibs überhaupt und die Hebemuskeln trainieren, möchte ich Ihnen lieber den guten Rat geben, die Übungen zu lesen und auszuführen, die Bonnie Prudden, eine überragende Expertin für körperliches Fitsein, in ihrem Buch *Mach mit, bleib jung* empfiehlt. Wenn Sie auch von dem ganzen Buch profitieren können, sollten Sie doch besonders auf die Sexerzitien in Miß Pruddens bemerkenswertem Buch achten. Sie werden ihre gesunde Nonsens-Haltung gegenüber Sex bestimmt erfrischend und die Übungen phantastisch finden. Zögern Sie dieses Übungsprogramm nicht hinaus. Sie werden derart aufgepäppelte Muskeln wirklich brauchen, wenn Sie zum siebten Kapitel gelangen. Darin beschreibe ich alle die wunderbaren Dinge, die Sie dem Mann, den Sie lieben, antun können.

Sinnlichkeitsübung Nummer acht

Tanzen. Die altmodische Art, bei der er Sie in den Armen hält. Lassen Sie Ihren Körper mit dem seinen verschmelzen, und überlassen Sie ihm völlig die Führung, während Sie sich ganz auf das Gefühl seines dem Ihren so nahen Körpers, auf das Zusammenspiel seiner Muskeln konzentrieren, solange er mit Ihnen über die Tanzfläche gleitet. Wenn Sie die Augen schließen, hilft es Ihnen, visuelle Ablenkungen auszuschalten und nur seiner und der Musik gewahr zu sein.

Diese Art Tanzen ist eine gute Vorbereitung für später. Beim Liebesakt muß die Frau fähig sein, der Führung des Mannes zu folgen und sich auf das Verhalten und den Rhythmus seines Körpers einzustellen. Dennoch wird ihn gelegentlich nichts mehr entzücken, als wenn Sie die Initiative ergreifen, den Rhythmus durchbrechen und ihn in den »Mitläufer« verwandeln, aber im wesentlichen wird er erst glücklich sein, wenn er das Zepter beim Liebesspiel innehat. Er möchte, daß Sie alles Erdenkliche mit ihm anstellen, aber möchte auch, daß Sie ihm sagen - wann. Da wir Frauen heutzutage soviel mehr über Sex wissen und unsere Sehnsüchte und unser Wissen offen darlegen, werden die Männer einem viel härteren Test unterworfen: Macht er seine Sache gut?

Jetzt wie nie zuvor muß selbst der phantastischste Liebhaber das Bewußtsein haben, daß er die Szene sexuell völlig beherrscht. Wenn Sie es lernen, gekonnt »mitzugehen«, spürt er, wie Sie anerkennend auf seinen Einsatz reagieren, und er wird sich selbst übertreffen. So, sehen Sie, wird er ein besserer Liebhaber, wenn Sie ihn einen besseren Liebhaber sein lassen, und Sie beide haben den Nutzen davon.

Also tanzen Sie. Es ist eine so romantische Art und Weise, um die sexuelle Technik zu verbessern - und die Übung tut Ihnen nur gut.

Sinnlichkeitsübung Nummer neun

Gehen Sie los, und geben Sie verschwenderisch Geld aus - für einfach traumhafte Unterwäsche, Spitze, Seide, alles von schmelzender Weiblichkeit. Meiden Sie den 3-Mark-99-Tisch wie die Pest und vertiefen Sie sich in echte Qualität und Schönheit. Sie und Ihr Körper verdienen es und, oh, was es für Sie als Frau psychologisch ausmacht zu wissen, daß unter Ihrem Kleid ein so zarter und luxuriöser Unterrock verborgen ist, wie ihn Audrey Hepburn sich erträumt, ein völlig schwereloser Büstenhalter, der verführerisch die Konturen Ihrer Brüste zu ihrem Besten unterstreicht, und elegante verruchte Höschen, die Ihnen das Gefühl eingeben, Elizabeth Taylor auf ihrem Weg zu Richard Burton zu sein!

Ich glaube, Sie haben begriffen, worauf es ankommt.

Sinnlichkeitsübung Nummer zehn

Diese Übung ist so wichtig, daß ich meine, ich sollte ihr besser ein ganzes Kapitel widmen. Deshalb blättern Sie um und finden Sie alles heraus über die Bedeutung von ...

3

Masturbation

Mit jemandem zu schlafen ist eine physische Anstrengung und hat viel mit Fußball, Baseball, Schwimmen, Golf und anderen Sportarten gemeinsam. Sie haben vielleicht eine natürliche Begabung fürs Schwimmen, aber diese Begabung ist nur der Startpunkt auf Ihrem weiteren Weg. Um gut und lange schwimmen zu können, müssen Sie Ihren Körper zu Ausdauer trainieren und sich langsam mit einem regelmäßigen Übungsprogramm steigern, das so zusammengestellt ist, daß es die Kraft der Lungen stärkt und das Zusammenspiel und die Technik der Muskeln verbessert.

Wenn Sie einen Trainingsplatz für Fußball oder Baseball besuchten, wären Sie baß erstaunt über die gymnastischen und knochenbrecherischen Übungen, die die

Männer jeden Tag hinter sich bringen müssen, bevor sie sich überhaupt in die *Nähe* des Spielplatzes begeben dürfen. Solange ihr Körper nicht hart und reaktionsfähig ist, ihre Reflexe nicht Hochspannung haben wie die von Elvis Presley, wenn er das Lied »Hound Dog« singt, wird ihnen nicht erlaubt, bei einem Übungsspiel mitzumachen, geschweige bei einem richtigen Kampfspiel. Genauso muß es bei Ihnen sein.

Um Ihren Körper zu erwecken und ihm richtiges Verhalten beizubringen, *müssen Sie ihn für den Liebesakt wie ein Athlet* trainieren.

Ihr Übungsfeld ist die Zurückgezogenheit Ihres Schlafzimmers. Ihre Übungen sind jene neun vom ersten Kapitel und die entscheidende zehnte (mit ihren vielen Variationen), die in diesem Kapitel beschrieben wird.

Sinnlichkeitsübung Nummer zehn ist Masturbieren.

Ich weiß, es gilt immer noch als verrucht. Aber das ist es nicht im geringsten, und lassen Sie sich solches von niemandem einreden.

Masturbation ist ein unangenehmes, häßliches, in Gesellschaft unaussprechbares Wort für eine der beglückendsten menschlichen Erfahrungen. Es ist wohltuend, normal und gesund, doch das Wort selbst hat einen ungesunden anormalen Beigeschmack und ruft Verlegenheit hervor. Frauen, die aus einem Liebesverhältnis kein Hehl machen, werden es, steckt in ihnen auch nur ein Hauch von Befangenheit, heftig leugnen, mit diesem höchst gewöhnlichen sexuellen Akt je persönlich etwas zu tun gehabt zu haben. Sie werden zu verstehen geben, daß nur ein paar unglückliche, mit abwegigen sexuellen Neigungen ausgestattete Frauen zum Äußersten der Selbstbefriedigung getrieben werden. Doch befriedigt sich fast jede Frau zu bestimmten Zeiten selbst. Gescheite Frauen onanieren ziemlich viel, da sie entdeckt haben, daß es ihnen die Türen zur Sinnlichkeit öffnet, denn es stärkt und erhöht die Flexibilität der Liebesmuskeln, hilft dem Körper, sich gänzlich auf das Begehren des Partners einzustellen, und lehrt Frauen, Orgasmen zu haben - viele Orgasmen - leicht.

Wenn Sie bedenken, was es alles bei Ihnen bewirken kann, lohnt es sich dann nicht, Ihren Ekel vor dem Wort - und dem Akt zu überwinden?

Erfahrungen mit Selbstbefriedigung werden Ihnen zeigen, welche Stellen des Körpers das größte Lustgefühl bei Ihnen auslösen, wenn sie liebkost werden, welche Art der Handhabung im Bereich der Klitoris Ihnen zur schnellsten Reaktion verhilft - und/oder zur vollkommensten -, welche Orgasmus-Struktur der Anzahl nach die Ihre ist (müssen Sie einen Augenblick einhalten, bevor Sie weitermachen, oder können Sie mit der »Manipulation« fortfahren und sofort zum nächsten Orgasmus übergehen?). Sie werden lernen, wie viele Orgasmen Sie während einer einzigen »Sitzung«, ohne müde zu werden, haben können. Manchen Frauen genügen drei oder vier; einige sind bis zu hundert gegangen, bevor sie schlappmachten.

Wenn Sie nun stöhnen, daß ich den Sex seiner ganzen Romantik entkleide und ihn in etwas Mechanisches und Unmenschliches verkehre - Sie könnten nicht falscher urteilen. Wenn Sie Ihren Körper lehren können, einen Orgasmus in drei Minuten zu erreichen, dann stellen Sie sich doch nur mal vor, was dieser empfängliche Körper alles machen und fühlen wird, wenn *Er* ihn berührt. Wieviel wunderbarer, *sofort* in erotische Hochstimmung zu geraten, als jene wunderbaren, der Liebe geweihten Augenblicke bei ihm mit dem *Versuch*, munter zu werden, zu vergeuden! Nach wenigen Monaten der Arbeit sollten Sie so weit sein, daß Sie in der Zeit, die Sie jetzt brauchen, um den ersten wirklichen Funken einer Erregung zu spüren, mehrere Orgasmen erleben.

Sie müssen Ihren Körper selbst lehren, wie er zum Leben erwacht. Der Grund dafür ist, daß Männer nicht die Geduld haben, Ihren Körper gründlich zu erforschen, während sie selbst sexuell erregt sind. Sie möchten agieren und vorankommen und nicht mühsam herumspielen. Da für Sie nun mal etwas dabei herausspringt, wenn Sie entdecken, wie Sie sich selbst in Gang bringen können, werden Sie die notwendigen Stunden, Tage und Wochen damit zubringen, und da er außer Reichweite ist, um Sie zu beobachten, werden Sie sich nicht befangen oder gedrängt fühlen.

Greifen Sie sich einen Tag oder einen Abend heraus, an dem Sie sicher sind, für längere Zeit ungestört zu bleiben. Legen Sie alle Kleider ab, stellen Sie die Klingel Ihres Telefons auf unhörbar, schalten Sie gedämpftes Licht ein (oder schalten Sie es ganz aus, wenn Sie sich wohler dabei fühlen) und legen Sie sich aufs Bett.

Schließen Sie die Augen, und lassen Sie Ihre Hände erst im Geist, dann physisch *langsam* über Ihren Körper gleiten. Jetzt reiben Sie den Klitoris- und Vagina-Bereich sanft mit Vaseline, Nivea oder irgendeiner anderen geeigneten Gesichts- oder Handcreme ein (wenn ich von Produkten, die Hormone oder andere ungewöhnliche Zusätze enthalten, auch lieber die Finger lassen würde). Lassen Sie sich Zeit beim Einreiben. Lassen Sie die Finger das Gelände erforschen. Ist die Spitze der Klitoris überempfindlich bei Berührung? Überkommt Sie ein warmes prickelndes Gefühl, wenn Sie den Schaft reiben? Mögen Sie's lieber auf der rechten Seite? Der linken? Beginnt es in der ganzen Schamgegend zu kribbeln? Während Sie die Creme in die Schamlippen einmassieren, scheinen sie sich dann leicht zu weiten?

Keine Frau masturbiert wie die andere. In den nächsten Abschnitten werde ich einige Grundformen der Masturbation beschreiben. Probieren Sie jede der Möglichkeiten mehrmals aus, dann wählen Sie sich diejenigen aus, die Ihnen am besten gefallen, und entwickeln Sie Ihre eigenen Variationen weiter, die Ihnen besonders zusagen.

Mechanische Manipulation

Wenn Sie noch nie einen Orgasmus gehabt haben oder wenn Sie große Schwierigkeiten haben, zum Orgasmus zu gelangen, wird der Vibrator wahrscheinlich Wunder bei Ihnen wirken. Es gibt die verschiedensten Arten von Vibratoren auf dem Markt. Nachdem ich mich bei einer Anzahl von Frauen erkundigt hatte, fand ich heraus, daß die beliebteste Form der Selbstbetätigung der durch eine Batterie betriebene (beunruhigen Sie sich nicht, Sie werden sich nicht in elektrischen Schnüren verfangen) Vibrator ist, der ziemlich genau wie ein Penis geformt ist. Er ist erschwinglich und in den meisten Drogerien erhältlich. Er eignet sich hervorragend zur Reizung der Klitoris und kann auch in die Vagina eingeführt werden. Da das Gerät angezeigt ist als der Gesichtsmassage dienlich, können Sie es unbefangen kaufen. Der Verkäufer wird keine Ahnung davon haben, wozu *Sie* es benutzen wollen.

Ein anderer beliebter Vibrator ist ein skandinavisches Modell, das man über die Hand streifen kann und das es ermöglicht, Ihrem Körper die pochenden Empfindungen durch die Finger zu vermitteln statt durch eine reibende Spitze. Dieses Modell ist ziemlich teuer, aber sinnvoll konstruiert und äußerst wirksam.

Es gibt mehrere Vibratoren, zu denen drei oder vier Anhängsel gehören. Jedes vermittelt eine andere Gefühlsskala. Wenn Sie sich beim Einkaufen etwas umschauen, werden Sie einen Vibrator finden, der Ihren Bedürfnissen und Ihrem Geldbeutel entspricht.

Kommen wir nun zum Gebrauch des Vibrators. Erinnern Sie sich, Sie liegen ruhig mit geschlossenen Augen da und lauschen ganz auf die Regungen Ihres Körpers.

Lassen Sie Ihre Gedanken zu jemandem wandern, der Sie sexuell erregt. Es könnte jeder sein. Ein Filmstar, jener gutaussehende Mann vor Ihnen in einer Schlange gestern in der Bank, der neue Personalchef im Büro, Ihr Freund, Ihr Nachbar aus derselben Straße.

Stellen Sie sich vor, wie er Sie, nackt auf dem Bett ausgestreckt, betrachtet - Ihren wartenden und ihn ersehnenden Körper. Spüren Sie, wie er Ihre Brüste streichelt, wie seine Hände hinunter zu und über Ihren Unterleib gleiten, über die Innenseite Ihrer Schenkel streichen, nun höher tasten und sanft Ihre Klitoris massieren. Lassen Sie den Vibrator seine Hände und sein Penis sein. Lassen Sie sich Zeit. Sie haben die ganze Nacht vor sich, um diese Empfindungen auszukosten. Lassen Sie sich gehen. Lassen Sie sich ganz von dem fortwährenden rhythmischen Reiz des Vibrators gefangennehmen, während er sich auf und nieder und um Klitoris und Vagina herum bewegt. Lassen Sie Ihren Phantasiemann Ihren Geist und Körper beherrschen. Stößt er tief in Sie hinein, während Ihr Becken sich ihm entgegenkrümmt, sich nach ihm verzehrend, begierig, in der zwingenden Ekstase des Orgasmus zu explodieren? Neckt er Sie und bringt Sie dazu, nach dem nächsten angenehm peinigenden Gefühl zu verlangen? Wenn das eine Phantasiebild bei Ihnen nichts bewirkt, gehen Sie träge zum nächsten über. Sie haben Stunden, um sich in Sinnenfreuden zu ergehen.

Wenn es Ihnen schwerfällt, ein Phantasiebild zu beschwören, suchen Sie sich einen lüsternen Abschnitt aus einem Buch heraus und lesen Sie ihn noch einmal, während Sie sich des Vibrators bedienen. Was ich von der Literatur kenne, die Frauen angesprochen hat, so sind das Liebesszenen in *Lady Chatterley*, Teile aus der *Geschichte der O*, jene Szene in *Vom Winde verweht*, in der Rhett Butler Scarlett die Treppen hinaufgetragen hat, Teile aus *Die Clique, Fanny Hill* und *Stille Tage von Clichy*. Wahrscheinlich haben Sie andere Bücher, für die Sie eine besondere Vorliebe hegen.

Erlauben Sie Ihren Phantasiegestalten, Sie zu erregen. Manche Frauen stellen sich in der Phantasie vor, sie werden entführt und vergewaltigt, von einem Tiger geschändet, von mehreren Männern auf einmal geliebt, oder sie haben eine sexuelle Beziehung mit einer Frau usw. Seien Sie bei Ihrer Phantasieauswahl so verwegen, wie Sie wollen. Schließlich wird nie jemand davon erfahren, außer *Sie* erzählen es.

Eine ganze Anzahl von Frauen beginnt ihre ersten Versuche mit der Selbstbefriedigung im Alter von über zwanzig oder sogar dreißig Jahren. Wenn Sie eine Anfängerin in Selbstbefriedigung und Orgasmen sind, mögen Sie nicht gleich beim ersten Male einen reichen Ertrag einheimsen. Es könnte schon ein paar Wochen dauern, bis Ihr Körper frei reagiert. Auch werden diese unbenutzten Muskeln zu Anfang ein wenig knirschen und schmerzen. Sie werden Ihre Kraft durch ständiges Proben aufbauen müssen. Erinnern Sie sich, wie es Ihnen erging, als Sie zum erstenmal wieder Fahrrad fuhren, nachdem Sie diese Muskeln seit Ihrer Kindheit nicht mehr gebraucht hatten? Unangenehm.

Das wichtigste, das die Anfängerin haben muß, ist Geduld, denn der Erfolg wird bestimmt nicht ausbleiben. Sexualforschungen haben gezeigt, daß fünfundneunzig Prozent der Frauen, die sich selbst erregen, orgasmusfähig werden. Mit Hilfe des Vibrators werden Sie wahrscheinlich innerhalb von wenigen Wochen fähig sein, innerhalb einer Minute einen Orgasmus zu haben, um sogleich fortzufahren und zu weiteren zu gelangen.

Hand-Manipulation

Haben Sie erst einmal den Vibrator bezwungen, sollten Sie zum Gebrauch Ihrer Hände übergehen. Jetzt, da Sie wissen, was ein Orgasmus bedeutet, ist es an der Zeit, daß Sie Ihre Fähigkeit, mit einer weniger zielsicheren Berührung die echte Erregung und den Orgasmus zu erreichen, weiter entwickeln. Der Vibrator wird Sie verwöhnt haben, und es wird mühsamer sein, Ihr Reaktionssystem auf die weniger aufreizende Behandlung mit den Fingern einzustellen, aber geben Sie nicht auf, denn Sie bringen sich selbst bei, wie man eine höhere Stufe der Empfindlichkeit erreicht. Mit Ihren Händen werden Sie Gefühlsschattierungen entdecken, von denen Sie mit dem Vibrator nie wissen würden, daß sie überhaupt existieren.

Nach Ansicht der beiden Wissenschaftler Dr. William Masters und Mrs. Virginia Johnson (*Die sexuelle Reaktion*) entwickelt jede Frau ihren ganz eigenen, individuellen Masturbierstil, aber es gibt einige Bräuche, die den meisten Frauen gemeinsam sind. Selten wird die Klitorisspitze direkt behandelt, da der Reiz an dieser Stelle zu intensiv sein kann, so daß die Klitoris zu schmerzen beginnt oder sich entzündet. Statt dessen konzentrieren sich die Frauen gewöhnlich auf die rechte Seite des Klitoris-Schafts, wenn sie rechtshändig sind, oder die linke, wenn sie linkshändig sind, oder sie reizen den ganzen Venushügel mit kreisenden, pressenden und sanft streichelnden, Auf- und Ab-, schnellen oder langsamen Bewegungen oder was auch immer am beglückendsten ist. Es nimmt mehr Zeit in Anspruch, durch die Behandlung des Venushügels zum Orgasmus zu kommen, aber dies verhilft zu einer nicht weniger befriedigenden Erfahrung als die direkte Massage des Klitorisschafts. Das Ganze ist eine Frage der persönlichen Vorliebe, und nur Sie werden fähig sein, durch Experimente herauszufinden, was Sie am liebsten mögen.

Während Sie weiter die Hand-Manipulation praktizieren, werden Sie herausfinden, daß Sie immer weniger Zeit benötigen, um zum Orgasmus zu kommen, und dabei werden Sie entdecken, wie man an sich weiter »manipuliert«, um mehrfache Orgasmen zu erreichen. *Reservieren Sie ein paar Stunden in der Woche für Selbstbefriedigung, so daß Ihr neues Reaktionssystem ein gleichbleibendes wird.* Erinnern Sie sich, Sie trainieren Ihren Körper, damit er ein herrliches Liebesinstrument wird. Dies werden Sie nie erreichen mit sporadischen Lehrstunden. Sie können nicht lernen, Klavier zu spielen, wenn Sie sich ihm nur ein paarmal im Jahr nähern. Wenn Sie nur ein- oder zweimal im Monat masturbieren, können Sie bestimmt nicht erwarten, daß Ihr Körper viel lernt und behält. Masturbieren Sie nach Herzenslust. Wenn Sie sich daran gewöhnt haben, bemühen Sie sich, die Zahl der Orgasmen, die Sie bei jeder »Sitzung« erreichen, zu vergrößern. Das Minimum, das Ihnen gelingen sollte, sind drei oder vier, und Sie sollten nach zehn und von da aus nach fünfundzwanzig streben. Sie können sich dabei nicht verletzen. Wenn Ihr Körper genug hat, wird es in ihm rufen »Erschöpfung«, und Sie werden einzuhalten wissen.

Wenn Sie Ihren Körper so weit erzogen haben, daß er auf Ihren Befehl hin mehrere Orgasmen »abspulen« kann, werden Sie ihn auch führen können, wenn Sie sich der Liebe in Positionen hingeben, die den größtmöglichen Reiz auslösen. Schließlich, wenn *Sie* nicht wissen, was die Sinne Ihres Körpers in Bewegung bringt, wie können Sie erwarten, daß *Er* es weiß? Jede Frau ist anders, und *Er* ist kein Hellseher. Es gibt eine fast unendliche Zahl von Möglichkeiten, sich selbst zu befriedigen. Sie werden nur durch Ihre Phantasie und Ihre Neigungen begrenzt. Hier beschreibe ich einige, von denen ich gehört habe. Einige habe ich ausprobiert, einige nicht.

Die Behandlung mit Wasser

Das Jacuzzi-Strudel-Bad ist himmlisch. Legen Sie sich einfach in einem Schaumbad zurück, lenken Sie den Wasserstrom der Brause auf Ihre Klitoris, und genießen Sie's, genießen Sie.

Man hat mir erzählt, eine ähnliche Wirkung können die neuen Bidets erzeugen. Setzen Sie sich ganz nach hinten auf den Beckenrand, und stellen Sie den Strahl so ein, daß er die Stelle trifft, die Sie am meisten erregt.

Sind Sie bereit für einen neuen Versuch? Nehmen Sie den Kopf der Brause ab, drehen Sie das Wasser an, und stellen Sie den Druck und die Temperatur so ein, daß es Ihre Genitalien als angenehm empfinden, legen Sie sich in der Badewanne auf den Rücken, und bringen Sie Ihre Klitoris-Gegend in die Lage, in der sie von dem Gewicht und dem Reiz des Wasserstroms getroffen werden kann.

Sie können auch einige interessante Empfindungen durch gezielte Güsse mit der Hand und den Strahl von Gartenschläuchen bekommen, hat man mir erzählt.

Verschiedenartige Behandlungen

Viele Mädchen führen Gegenstände in ihre Vagina ein, um das Gefühl und die Bewegung eines Penis vorzutäuschen. Einige der beliebteren Objekte sind Kerzen, Bananen, Würste und natürlich jene großen Gummipenisse, die von mehreren Versandhäusern zum Verkauf angeboten werden. Doch seien Sie um Himmels willen gescheit dabei. Benutzen Sie *keine* Coca-Cola-Flaschen, Proberöhrchen oder leicht splitternde Dinge aus Holz. Sie werden kein Vergnügen dabei haben, wenn der Arzt all die zerbrochenen Stücke herausangeln muß. Ich habe gehört, es mir aber nicht beglaubigen lassen, daß man beim Reiten auf einem Pferd einen Orgasmus bekommen kann.

Dann ist da der »chinesische Kitzel«. Sie nehmen drei silberne Kugeln, führen sie in die Vagina ein und benutzen dann einen Vibrator auf der Außenseite der Vagina. Offenbar bringt der Vibrator die Kugeln dazu, wie irr umherzuhüpfen, und das soll einen ungemein erregenden Reiz ausüben.

Die ungewöhnlichste Art der Selbstbefriedigung, von der ich gehört habe, ist: Sie stopfen Ihre Kleider in die Waschmaschine, stellen sie an und drücken dann Ihr Becken an die Maschine, so daß das Vibrieren des Motors in Ihnen ein paar Erschütterungen eigener Art hervorruft.

Demnächst wird sich noch jemand ausdenken, wie Computer einem Orgasmen verschaffen können.

Es gibt viele, viele Arten der Selbstbefriedigung. Es wird wahrscheinlich nicht lange dauern, bis Sie mir schreiben und mich belehren werden, wie man's macht.

Für mich besteht auch nicht der Anflug eines Zweifels, wie wertvoll die Selbstbefriedigung ist, um Ihrem Körper die Empfänglichkeit für sexuelle Reize beizubringen. Es hat bei mir funktioniert und bei vielen anderen Frauen. Wenn Sie sich wirklich konzentrieren und ihr genügend Zeit widmen, bin ich sicher, sie wird auch für Sie die Tore zur Sexualität öffnen.

Auf, geben Sie sich einen Ruck und versuchen Sie's. Es wird nicht lange dauern, bis Sie erkennen, daß die Selbstbefriedigung ein beglückender, gesunder, normaler Akt ist, der ungemein zu Ihrem Wohlbefinden und Ihrer Sinnenfreude beitragen kann.

Im übrigen kann die Selbstbefriedigung auch eine wirksame Möglichkeit der Selbstkontrolle sein. Sollte bei Ihnen gerade einmal der sexuelle Notstand ausgebrochen sein und Sie finden die Auswahl der zur Verfügung stehenden Bettgenossen entschieden abstoßend, können Sie ein Erlebnis vermeiden, das Sie später bedauern werden, indem Sie sich ohne jede Komplikation die Befreiung selbst verschaffen.

Selbstbefriedigung hat noch eine andere wohltuende Wirkung, die mich ungemein überrascht hat. Die beiden Sexualforscher Masters und Johnson entdeckten bei ihren wissenschaftlichen Untersuchungen mit dreiundvierzig Frauen, die sich der Techniken der Selbsthilfe bedienen, daß einige heftige Orgasmen kurz nach Beginn der Menstruation »für einen leichteren Fluß sorgen, Krämpfe - falls vorhanden - im Becken verringern und häufig die mit der Menstruation verbundenen Rükkenschmerzen lindern«.

Glauben Sie mir nun, wenn ich Ihnen sage, daß Selbstbefriedigung gut für Sie ist?

4

Die alleinstehende Frau
Tut sie's oder tut sie's nicht?

Bedeutet es den Weltuntergang, wenn einfach jeder annimmt, daß in Ihrem Leben auch Sex eine Rolle spielt? Nein. Nicht, wenn Sie erwachsen sind.

Als Sie erwachsen wurden, haben Sie die Dinge der Kindheit abgelegt. Eines davon war die Jungfräulichkeit.

Hat irgend etwas mit den Leuten nicht gestimmt, die bemerkten, daß Sie, als Sie sich zur Frau entwickelten, Brüste, runde Hüften, Schamhaar und einen durch und durch weiblichen Körper bekamen? Natürlich nicht. Was sollte dann verkehrt an Leuten sein, die annehmen, daß Sie Ihre vollendete weibliche Ausrüstung auch dazu benutzen werden, wozu sie ausersehen worden ist - zur Liebe und zum Kinderkriegen? Seien Sie stolz darauf, daß Sie als Frau funktionieren, und lassen Sie sich nicht durch die Angst vor der negativen öffentlichen Meinung davon abschrecken, eine wirkliche Frau zu werden.

Ich weiß schon, ein paar Leute werden versuchen, Sie in die Zange zu nehmen und Sie in eine Ecke zu drängen, die das Kennzeichen »Schande« trägt, wenn Sie nicht die Jungfrauenrolle spielen. Aber Sie brauchen sich nicht ihren Regeln zu fügen. Jede Frau hat eine innere Stimme, die ihr ehrlich sagen wird, was für sie richtig und falsch ist. Wenn Sie mit dieser Stimme harmonieren und ihr folgen, werden Sie Ihr Geschlechtsleben richtig handhaben.

Unsere Welt hat sich gewandelt. Es geht nicht um die Frage: »Tut sie's oder tut sie's nicht?« Wir alle wissen, daß sie's will, daß sie im Begriff ist oder es gerade tut. Nun geht es nur um die Frage: »Wie geschmackvoll geht sie vor?«

5

Instandhaltung, Verbesserung und Erwerbung

Wir wissen beide, wenn Sie ein Produkt (Sie sich selbst) auf den Markt bringen, ist die Verpackung wichtig. Wenn Sie nicht das Auge des Käufers auf sich lenken, werden Sie nie vom Regal heruntergenommen werden. Das bedeutet nicht, Sie müssen schön sein, aber Sie sollten doch lieber attraktiv sein und Individualität aufweisen. Sie werden nie in die Einkaufstasche gelangen, geschweige denn in sein Haus, wenn Sie nicht interessant erscheinen.

Über die meisten der unten aufgeführten Punkte werden Sie bereits Bescheid wissen. Wenn Sie sich auf einem dieser Gebiete vertun, betrachten Sie meine Anmerkungen als Leuchtzeichen der Gefahr und beginnen Sie *heute*, Ihre Nachlässigkeit zu korrigieren.

Beginnen wir mit Ihrer äußeren Erscheinung

Sie müssen einen beträchtlichen Teil Ihrer Zeit der Suche nach Sie umschmeichelnden Kleidern widmen. Stürzen Sie sich auf Modezeitschriften, studieren Sie Frauen, deren Geschmack Sie bewundern, und probieren Sie Kleider der verschiedensten Stile in den Modehäusern an. Wenn Sie sich schon immer überlegt haben, wie Sie wohl in einem schwarzen Samtanzug oder einem anschmiegsamen Kaschmir-Kleid aussehen würden, überlegen Sie nicht lange. Probieren Sie sie an und sehen Sie selbst. Erforschen Sie die Fehler Ihrer Figur und versuchen Sie dann, das Auge davon wegzusteuern. Ich zum Beispiel habe eine schmale Taille und breite Hüften. Das bedeutet, Sie werden mich nie in einem engen oder Faltenrock zu sehen bekommen. Statt dessen suche ich nach Kleidern mit einer weichen, nach außen fließenden oder A-Linie und verschiebe meinen Betonungsbereich mit einem schmeichelnden Kragen oder hübschen Tuch zum Hals hinauf. Wenn Sie einen imponierenden Busen haben und dicke Beine, verbrennen Sie Ihre gemusterten Strümpfe und suchen Sie Kleider, Pullover und Blusen, die eng und herausfordernd geschnitten sind und die Wunder Ihres Brustansatzes zur Geltung bringen. Wenn Sie flachbrüstig sind, doch rasante Beine haben, lassen Sie die Finger von tiefen Dekolletés und tragen Sie die kürzesten Röcke, mit denen Sie sich gerade noch sehen lassen können, und die dünnsten oder aufregendsten Strümpfe und sehr weibliche Schuhe.

Lernen Sie der Mode zu folgen, aber lassen Sie sich

nicht von ihr versklaven. Falls dies das Jahr ist, in dem jedermann aufreizende kleine schwarze Kleider trägt, tragen Sie Sonnengold. Denken Sie nur, wieviel einfacher er Sie in dem Gedränge der Cocktail-Party wird finden können. Wenn die Modefarben in diesem Jahr Meeresgrün und Kürbisgelb sind, und er aber Blau liebt (dies ist zufällig die Lieblingsfarbe aller Männer), tragen Sie massenhaft Blau.

Kaufen Sie sich nie ein Kleid, nur weil es praktisch ist. Wenn Sie sich darin nicht glücklich und wie verwandelt fühlen, hängen Sie es auf die Stange zurück.

Bevor Sie sich jene zauberhafte Kreation einpacken lassen, die ihn einen Wochenlohn kosten und Ihre Familie einen Monat lang auf Eintopf setzen wird, vergewissern Sie sich und setzen Sie sich damit hin und studieren Sie Ihr Bild im Spiegel. Beengt es irgendwo, knautscht es, zieht es sich rauf? Gehen Sie hin und her! Hindert Sie der Rock, sich anmutig zu bewegen? Recken Sie Ihre Arme zur Decke hinauf. Wird ein plötzlich ungestümer Wunsch, sich um seinen Hals zu winden, einen peinlichen Riß verursachen? Beugen Sie sich nach vorn. Sehen die Nähte um Ihren Allerwertesten herum so aus, als versuchten Sie, die Flut vom Johnstown einzudämmen? Kleider, die nicht gut sitzen, sind nicht sexy.

Finden Sie heraus, welche Farben Ihnen schmeicheln, und dann *tragen Sie sie*. Verschenken Sie jenes vernünftige schlammbraune Kleid, in dem Sie aussehen wie der leibhaftige Tod, an die Heilsarmee, und kaufen Sie jenes leuchtendrosa Gewand, das Ihrer Haut einen strahlenden Schimmer verleiht.

Arbeiten Sie wie der Teufel, um Ihre guten Züge zu unterstreichen und die schlechten zu verbergen. Jetzt erzählen Sie mir bloß nicht, Sie hätten keine guten Züge, das glaube ich Ihnen nämlich nicht. Sehen Sie noch einmal hin. Wie ist's mit Ihren Augen, Ihren Zähnen, Ihren Füßen, Ihrem Haar? Haben Sie einen schönen Rükken, ein herausforderndes Hinterteil?

Wenn Sie sich je in folgenden Punkten schuldig machen, Schande und nochmals Schande über Sie: *Lassen Sie sich nie von einem Mann in Unterwäsche ertappen, die von Sicherheitsnadeln zusammengehalten wird.*

Make-up kann der Verbündete oder der Feind einer Frau sein, je nach Geschick und Geschmack der Benutzerin. Wird es richtig gemacht, verschönt es Ihre Erscheinung. Wird es falsch gemacht, können Sie aussehen, als wären Sie gerade einer der komischen Nummern einer Show entsprungen. Wenn Sie sich nicht sicher sind, daß das, was Sie tun, für Sie richtig ist, gibt es verschiedene Orte, wo man Hilfe bekommen kann. Viele von den superschicken Schönheitssalons haben einen ständigen Experten. Viele Warenhäuser laden Make-up-Experten zu einem Besuch ein, damit diese Ihnen raten, wie man Make-up anwendet, welche Grundierung für Ihren Hautton richtig ist, wie Sie Ihre schönen Züge unterstreichen und Ihre schlechten wegstreichen können. Es gibt verschiedene Zeitschriften, die jeden Monat einen Artikel über Make-up bringen, und es gibt eine Menge guter Bücher. Gute Bücher sind diejenigen, die den ganzen Hokuspokus aus dem kosmetischen Bereich vertreiben und nicht versuchen, Sie davon zu überzeugen, daß

Sie hundertzweiundvierzig Produkte auf Ihr Gesicht schmieren müssen, bevor Sie sich auf die Straße hinauswagen können.

Durchkämmen Sie Ihre Stadt, bis Sie einen Mann finden, der ein Haarschneidekünstler ist, und dann bezahlen Sie ihm dankbar die maßlose Summe, die er Ihnen aus der Tasche ziehen will. Der entscheidende Faktor bei der Frage, wie Ihr Haar jeden Tag aussieht, ist nicht das Mädchen, das Ihren Kopf einmal die Woche mit drei Dutzend Wicklern beschwert und ihn dann unter der Haube brät, sondern dieser Grundschnitt. Wenn er nicht stimmt, wird keine Wasserwelle ihre Form behalten und fortwährend Ihr Gesicht umschmeicheln und jeden Tag locker und gut sitzen.

Außer Ihr Mann ist allergisch dagegen, benutzen Sie Parfüm. Das richtige zu finden bedeutet einiges Herumexperimentieren. Wenn Ihnen einige Leute erzählen, daß Sie heute himmlisch duften, und nach dem Namen Ihres Parfüms fragen, weil sie es für Ihre Freundinnen oder Ehefrauen erstehen möchten, dann wissen Sie, Sie haben ins Schwarze getroffen. Achten Sie darauf, daß Ihre Finger- und Fußnägel immer gut gepflegt sind und der Nagellack nicht abblättert. Gewöhnlich mögen Männer jene überlangen Nägelspieße nicht, so testen Sie erst den Geschmack Ihres Mannes, bevor Sie zu diesem Krallenlook übergehen.

Selbst wenn Sie mehr einen zerzausten Stil haben, muß Ihr Äußeres gefällig wirken. Keine schlotternden Slips oder blitzenden Unterröcke, keine Laufmaschen in den Strümpfen, keine verschmutzten Handschuhe, ausgetretenen Schuhe mit abgewetzten Hacken, halb heraushängende Bluse, dreckige Handtasche, keine fehlenden Knöpfe am Mantel, am Rocksaum baumelnden Fäden und kein Make-up von gestern, das auf Ihrem Gesicht erstarrt ist. Wenn Ihre Bluse oder Ihr Kleid widerspenstige Flecken aufweist oder verblichen ist, werfen Sie es weg oder tragen Sie es nur, wenn Sie den Keller putzen. Einen letzten kleinen Rat zu Ihrer Erscheinung: Versuchen Sie, Schuhe zu tragen, die nicht drücken. Auch das fördert Ihre Bereitschaft.

Sauberkeit

Wenn viele Männer auch ziemlich uninteressiert an Sauberkeit zu sein scheinen, ziehen die meisten doch Frauen vor, die das Baden nicht scheuen. Sollten Sie dazu neigen, Ihren Körper in H_2O nur unterzutauchen, wenn Sie den »körperlichen« Notstand erreichen, werden Sie nirgendwo sehr gefragt sein - außer zum Säubern von Schweineställen.

Baden Sie oft. Benutzen Sie ein Deodorant. Entfernen Sie zu starken Haarwuchs unter Ihren Achselhöhlen und von den unteren Beinen. Haben Sie einen Bart, lassen Sie sich mit Elektrolyse behandeln. Halten Sie Finger- und Fußnägel sauber. Waschen Sie Ihr Haar, bis es knistert.

Während der Periode sorgen Sie dafür, daß Sie Ihre Binden und Tampons oft genug wechseln, damit jede Möglichkeit von Geruchsbildung ausgeschlossen wird. Uff. Ausdünstungen im Liebesbereich sind nicht sexy.

Wenn Sie Kummer mit Vaginitis, einer Entzündung der Scheide, haben (alle Frauen leiden irgendwann einmal darunter), suchen Sie Ihren Gynäkologen auf.

Der eine Bereich des Körpers, den die Frauen zu reinigen vergessen, ist die Klitoris. So wie diese geformt ist, können sich da leicht kleine Partikelchen festsetzen, die dem Blick verborgen bleiben. Ziehen Sie die Haut zurück und spülen Sie jeden Tag den bloßgelegten Teil leicht ab.

Besorgen Sie sich eine Wasserspritze. Sie werden merken, Ihre Zähne werden damit viel sauberer, als sie je in Ihrem Leben gewesen sind, und Ihr Mund ist frischer. Sie tut auch dem Zahnfleisch gut.

Ihre Figur

Nehmen Sie ab. Wenn Sie einen Batzen Fett mit sich herumschleppen, wird er Sie daran hindern, so nahe, wie Sie es sich wünschen, an den Mann Ihres Lebens heranzukommen. Wenn Sie Mühe haben, das Übergewicht selbst zum Verschwinden zu bringen*, gehen Sie zu einem Fachmann für Fettleibigkeit. Er wird eine Diät Ihren besonderen Bedürfnissen gemäß zusammenstellen, und die Tatsache, daß Sie ihm jede Woche Bericht erstatten müssen, wirkt als ein Anreiz für Ihre Disziplin. Wenn Sie keinen guten Arzt in Ihrer Nähe finden, versuchen Sie's mit Gewichtsforschern. Sie haben den

* Eine gute Anleitung: Helga Lotz »Abnehmen à la carte«, Hoffmann und Campe 1970.

Leuten geholfen, Tonnen von Fett einzuschmelzen. Mag es auch stimmen, daß er Sie mit jenen fünfzehn überflüssigen, an Ihnen herumschwabbelnden Pfunden liebt, er wird Sie mehr lieben und *stolzer* auf Sie sein, wenn Sie den Schwabbelspeck ablegen.

Wenn Sie nicht übergewichtig sind, sondern einfach nur schlaff und schlecht proportioniert, dann turnen Sie. Ja, ich weiß, ich hasse es auch. Aber das scheint ein Bestandteil unseres bewegungsarmen Lebens zu sein. Schaffen Sie sich ein modernes Übungsbuch mit Anleitungen für die Frau über dreißig zum Fitbleiben an. So beschwerlich Gymnastik auch ist, sie formt Ihre Figur, hilft Ihnen, das müde Gefühl abzuschütteln und Ihre Haltung zu verbessern.

Ihre Gesundheit

Sorgen Sie dafür, daß Sie zweimal im Jahr zum Gynäkologen und einmal zu ihrem Hausarzt gehen - der Kontrolle wegen. Nur wenn Sie gesund sind, werden Sie sich am Sex erfreuen.

Ihre Stimme

Nichts beeinträchtigt den Reiz einer Frau mehr als eine nervenzerreißende Stimme. Sie können wie Gina Lollobrigida aussehen, aber wenn Sie so klingen, als ratschte ein Fingernagel über eine Wandtafel, sobald Sie den

Mund öffnen, wird er in Ihrer Gegenwart so wenig Zeit wie möglich verbringen wollen. Viele Frauen schwelgen in einer glückseligen Unkenntnis darüber, daß sie häßliche Stimmen haben. Leihen Sie sich ein Tonband, oder benutzen Sie ein Diktaphon aus dem Büro und hören Sie sich selbst zu. Ist die Stimme, die ertönt, weich, weiblich, musikalisch? Oder ist sie rauh, hart und zu laut? Sie können den ganzen Nachmittag in einem Schönheitssalon verbringen und ein strahlendes Geschöpf aus sich machen lassen, aber was haben Sie gewonnen, wenn er jedesmal, sobald Sie liebliche Belanglosigkeiten in sein Ohr flüstern, zusammenzuckt?

Wenn Sie wirklich eine Stimme haben, von der Sie meinen, daß sie eine Verbesserung vertragen könnte (und wer meint das nicht), ist es meist nicht schwierig, einen fähigen Sprachtherapeuten ausfindig zu machen, der Ihnen einige Übungen geben und damit Ihre rauhen Ecken abschleifen wird. In Amerika haben heutzutage fast alle Colleges und höhere Schulen Sprachtherapeuten, und ansonsten können Sie ja auch Ihren Arzt befragen und um Adressen bitten. Ist das die ganze Mühe wert? Und ob. Falls Sie durchs Telefon mit ihm reden und Ihre Stimme ihn verlockt, sofort herzukommen und Sie zu liebkosen, haben Sie doch etwas richtig Lohnenswertes erreicht, nicht wahr?

Erinnern Sie sich, alle Sex-Göttinnen unserer Zeit hatten Stimmen, die nicht weniger interessant waren als ihr Äußeres. Marylin Monroe flüsterte unvergeßlich hauchig und wunderbar. Sophia Lorens Stimme ist klangvoll und samten. Elizabeth Taylors Stimmchen strahlt Lebenskraft aus. Diese Frauen haben es gelernt, so zu klingen. Auch Sie können eine ausgeprägte und männerfangende Stimme haben, wenn Sie eine haben wollen! Arbeiten Sie daran!

Die Unberechenbarkeiten bei Sex

Es ist nicht zu leugnen, mit dem Liebesakt sind Risiken verbunden.

Unbedachtsamkeit kann eine unerwünschte Schwangerschaft hervorrufen.

Ihr Mann oder Liebhaber kann Sie mit einer Geschlechtskrankheit anstecken. Beim bloßen Gedanken an Syphilis oder Gonorrhöe dreht sich mir der Magen um, und vermutlich wird Ihre Reaktion ähnlich sein. Es ist eine schreckliche Infektion, die man sich holen kann - aber nicht das Schlimmste, das einem im Leben passieren kann. Wenn Sie Zigaretten rauchen, gehen Sie viel größere Risiken ein, als wenn Sie sich der Liebe hingeben, denn Sie genießen das große Glück, ein Liebesleben zu einer Zeit zu haben, in der die medizinische Wissenschaft solche Geschlechtskrankheit verhältnismäßig schnell besiegen kann.

Ich würde die Syphilis und Gonorrhöe kaum als Status-Symbol-Krankheiten bezeichnen, aber eine Anzahl berühmter und höchst respektabler Leute waren damit geschlagen. Gerade vor kurzem habe ich die Biographie von Jenny Churchill gelesen, und zu meiner großen Überraschung fand ich darin erwähnt, daß ihr Mann,

Lord Randolph (Winstons Vater), Syphilis gehabt hatte.

Wenn Sie in Ihrer Genitalgegend eine Entzündung oder eitrigen Ausfluß entdecken oder das Gefühl haben, irgend etwas stimmt nicht, sitzen Sie nicht angsterstarrt herum, sondern laufen Sie zu Ihrem Gynäkologen und lassen Sie sich behandeln. Je länger Sie warten, um so schwieriger sind Geschlechtskrankheiten zu erkennen und zu heilen.

Brüllen Sie »Hilfe« dem Arzt und »Mörder« dem Mann zu, der Sie damit bedacht hat - doch lassen Sie's bloß nicht die vor Neugierde platzenden Nachbarn hören. Noch ist der Tag nicht ganz gekommen, da Geschlechtskrankheiten einen Anlaß zum Prahlen bieten.

Eine Geschlechtskrankheit ist nicht nur eine unangenehme Sache, die man beim Geschlechtsverkehr bekommen kann. Meine beste Freundin war mit einem der göttlichsten Junggesellen liiert, die jemals den *Jet Set* geziert haben (sein Name wäre Ihnen sofort vertraut), und während eines romantischen Augenblicks bei Erdbeeren und Expresso eines schönen Frühlingsabends im *La Grenouille* schlug er einen Mitternachtsflug zu einer bezaubernden Villa vor, die im Süden Frankreichs zu seiner Verfügung stand. Sie flogen dahin, die Villa war in der Tat bezaubernd und die 16.-Jahrhundert-Betten von der Art, daß man hineinsinkt und sich nie wieder erheben möchte - all das, bis sie merkten, daß eines der Betten sie mit Filzläusen (sie setzen sich zwischen den Schamhaaren der Frauen fest und am ganzen Körper des Mannes) ausgestattet hatte. Sie war völlig am Boden zerstört, als ihre Augen sich auf den Anblick der widerlichen, in sie hineinbeißenden Parasiten konzentrierten, und obgleich sie beide sofort gründlich behandelt wurden, dauerte es Wochen, bis sie von dem juckenden Kribbelgefühl befreit waren und sich wieder sauber fühlten. Wenn sie sich jetzt auf Reisen begibt, ist sie geneigt, den romantischen, doch möglicherweise verwanzten Villen die antiseptischen modernen Hotels vorzuziehen.

So unangenehm Geschlechtskrankheiten, Filzläuse und unerwünschte Schwangerschaften auch sein können, die Risiken sind für Sie doch keine angemessenen Gründe, auf ein wundervolles Sexleben zu verzichten. Die Chancen, daß irgendeine dieser Kalamitäten Sie befallen könnte, sind gering und alle zu korrigieren. Sie schweben in größerer Gefahr, wenn Sie im Wagen zum Einkaufen fahren.

So entspannen Sie sich und lieben Sie.

6

Ihr sexueller Appetit

Bestimmt haben Sie Appetit auf Sex. Wenn nicht, dann hätten Sie sich nicht auf eine so komisch aussehende Tätigkeit eingelassen. Ich möchte wetten: Wenn irgendwelche Wesen vom Mars oder der Venus auf uns beim Geschlechtsverkehr herabspähten, würden sie sich über unser groteskes Gebaren halb totlachen. Wenn sie allerdings fühlen könnten, was wir fühlen, können Sie sicher sein, daß sie sofort von ihren Fliegenden Untertassen hinunter ins Bett springen würden.

Wenn Sie ein Vollblutweib sind, möchten Sie die meiste Zeit vor sexuellem Appetit schier zerspringen, besonders wenn Sie Mitte dreißig oder fast schon vierzig sind. Erst dann kommen Sie eigentlich sexuell in die Blüte Ihrer Jahre, außer Sie werden durch eine Krankheit geschwächt, und diese Blütezeit wird für Sie andauern, solange Sie leben. Wenn Ihnen Sex mit vierzig Spaß macht, wird er Ihnen auch noch mit sechzig und achtzig Spaß machen. Und Sie dachten, Sie würden Topflappen häkeln und sich im Fernsehen bekannte Schnulzen wie »Der Förster vom Silberwald« ansehen, wenn Sie alt werden! Daß ich nicht lache!

Sexueller Appetit ist für eine gute Liebhaberin unabdingbar – aus zwei Gründen: 1. Er gibt Ihnen den Antrieb, den männlichen Körper mit Ihrem eigenen zu erforschen und ihn dabei so zu erregen, daß er ein besserer Liebhaber wird. 2. Er beflügelt Sie dazu, sich das physische Vergnügen zu verschaffen, auf das Sie ein Recht haben.

Schätzen Sie Ihren sexuellen Appetit über alles, und lernen Sie alle seine Stimmungslagen zu begreifen. Sind Sie zu Beginn Ihrer Periode schlaff oder vielleicht während der Regel am lüsternsten? Kühl des Morgens und glühend des Nachts? Sind Sie feurig am frühen Nachmittag, lau direkt nach dem Abendessen? Wachen Sie mitten in der Nacht auf und sehnen sich nach ihm? Sind Sie überaus leidenschaftlich am vierzehnten oder fünfzehnten Tag von den achtundzwanzig? Wenn die Müdigkeit Ihre sexuellen Wünsche erkalten läßt, sorgen Sie dann dafür, daß Sie sich an Tagen, in denen Ihr Mann vermutlich in Liebeslaune ist, eine halbe Stunde hinlegen? Wenn Sie Alkohol trinken, haben Sie schon festgestellt, wann er aufhört, stimulierend zu wirken, und Sie eher in einen Zustand der Dumpfheit versetzt? Haben Sie herausgefunden, welche Liebkosungen Ihren sexuellen Appetit entfesseln und wie man die sexuelle Ekstase verlängern oder beschleunigen kann?

Für Sie als Frau gehört es mit zu Ihren Pflichten, den Rhythmus und die Launen Ihres Körpers zu kennen. Wenn Sie darauf nie achtgegeben haben, beginnen Sie gleich heute damit, sich ein kleines Tagebuch für die nächsten drei Monate anzulegen. Schreiben Sie sich Tag und Stunde auf, wann Sie sexuell erregt werden und/oder Sie die Befriedigung finden. Nach dem Geschlechtsverkehr oder dem Onanieren bewerten Sie Ihre sexuelle Reaktion kurz mit überwältigend, gut, so lala oder mies. Sie werden bald eine Menge über Ihren Körper wissen.

Und dann werden Sie in der Lage sein, Ihren sexuellen Appetit als das zu schätzen und intelligent zu gebrauchen, wozu er bestimmt ist: als einen entscheidenden Schlüssel, um eine gute Liebhaberin zu werden.

7

Sexuelle Ethik

Eine sinnliche Frau zu werden hat eine schlechte Seite. Sie müssen die Verantwortung für Ihr Tun übernehmen.

Es wird Zeiten geben, da Sie sich mit einem Mann einlassen möchten und sich darüber Sorgen machen, ob er, ethisch gesehen, richtig oder schlecht für Sie ist.

Ich habe mir meine eigenen ethischen Grundsätze entwickelt, die mir mit den Jahren einige Entscheidungen »Soll ich oder soll ich ihn nicht ermutigen?« erleichtern. Ich gebe sie Ihnen weiter als Anregung zum Nachdenken.

1. Ich glaube, eine Frau sollte von dem Mann ihrer Schwester oder ihrer besten Freundin die Finger lassen.

2. Ich glaube, es ist unmoralisch für eine Frau, einen

Mann, den sie nicht leiden kann, sie berühren zu lassen - und sei dieser Mann selbst ihr Ehemann.

3. Ich glaube, es ist unmoralisch für eine Frau, sich dem Mann, den sie liebt, nicht ganz zu geben (außer sie hat sich in ihrem Urteil so vertan, daß sie sich in einen Mann verliebt hat, der ihr nicht guttut - dann sollte sie weit weglaufen).

4. Ich glaube, es ist moralisch für eine Frau, sich dem einen Mann hinzugeben, den sie achtet, mag und zu dem sie sich sexuell hingezogen fühlt, solange sie nicht einem anderen Mann die Treue versprochen hat.

5. Ich glaube, eine Frau hat die moralische Verpflichtung, mit einem Mann, dessen Liebe und sexuelles Empfinden sie nicht erwidern kann, nicht zu spielen oder ihn auf andere Weise seelisch oder physisch zu quälen.

Eine sinnliche Frau zu werden stattet sie nicht mit dem Freischein aus: erlaubt ist, was gefällt. Innerhalb einer bestimmten Grenze werden Sie zu ein paar ethischen Grundsätzen gelangen müssen, die sich verwirklichen lassen. Je früher Sie sich darüber klarwerden, was für Sie richtig und falsch ist, desto früher werden Sie sich eine Menge quälender Schuldgefühle und unangenehmer Situationen ersparen.

8

Sex - und was man anzieht

Nun, da wir Ihren Körper so gut einstudiert haben, daß er seine Linien und Stichwörter auswendig kennt, ist es Zeit, Sie anzukleiden und Sie in die sexuelle Arena zu führen.

Nachtgewandung

Männer sind unglaublich verwirrend, halsstarrig, überaus individuell und beweisen manchmal wirklich einen entsetzlichen Geschmack, wenn es darum geht, in welcher Bekleidung sie ihre Damen im Bett sehen wollen. Den umwerfenden neuen Morgenrock, den Sie sich gekauft haben, da Sie ihn für sehr verführerisch hielten, fand er einfach »sehr hübsch«, während das Fähnchen von bedrucktem Strandanzug, den Sie sich von Capri mitgebracht haben, ihn in einen Sex-Anbeter verwandeln kann. Sie werden schon ein bißchen Detektiv spielen müssen, um herauszufinden, was für eine Boudoir-Gewandung jeden einzelnen Mann in Erregung ver-versetzt. Dann sollten Sie sich diesem Stil anpassen, denn die Vorstellung eines Mannes von »was ist sexy« kann zwar erweitert, aber oft nicht völlig umgewandelt werden.

Streben Sie eine gewisse Häufigkeit im Geschlechtsleben an, besteht wohl kein Zweifel darüber, daß Sie sich besser, wenn *er* da ist, nicht mit einem cremebeschmierten Gesicht zwischen die Laken schieben und mit Haaren, die, mit Klammern festgesteckt, wie ein Bienenstock aussehen oder auf Lockenwicklern gebändigt sind, ebensowenig in einem verblichenen alten Nachthemd, an dem der Saum herunterhängt und der Besatz gerissen ist. Nur ein Gorilla, Sexualprotz oder ein Mann, der den Sex für einige Zeit entbehrt hat, könnte unter solchen Umständen aufgeweckt werden.

Auf der anderen Seite, wenn Sie mit einem besonderen Nacht-Make-up ins Bett gehen und kilometerweise aufreizende schwarze Spitze tragen, ist das noch keine Garantie, daß nun geliebt wird. Falls Ihr Mann zufällig auf den Schneewittchen-Typ anspringt, wird ihn ein düsteres leisetreterisches Schwarz nicht gerade in Fahrt bringen.

Es gibt zwei Möglichkeiten herauszufinden, wie er sich eine Sex-Göttin vorstellt; die eine ist, man fragt ihn direkt, und die andere ist die des Experiments durch immer wieder anderes Aussehen. Ich gebe der Verbindung beider Taktiken den Vorzug, denn seine Beschreibung, was ihn visuell anregt, ist ohne Zweifel von unschätzbarem Wert für Sie, wollen Sie ihn für sich gewinnen und halten. Wenn Sie von Zeit zu Zeit Ihre Verwandlungskünste erproben, setzen Sie wirksam eine mächtige Waffe ein - die Überraschung. Mehr darüber später.

Wollen wir zunächst einen Blick auf ein paar klassische Stile der Schlafzimmer-Mode werfen.

Eine erstaunliche Anzahl von Männern findet schwarze Strumpfbänder, hohe Hacken und pechschwarze Strümpfe in höchstem Maße erotisch. Ich selbst finde, sie sehen wie kostümiert aus, aber wenn der Mann, den ich liebe, mich in diesem Aufzug sehen will, würde ich mich hin und wieder hineinzwängen. Das sollten Sie auch tun. Schließlich wird niemand anders Sie so sehen, und wenn nun einmal das Bild, wie Sie gleich einem Geschöpf aus einem dekadenten französischen Film umherstolzieren, ihm den Wunsch einflößt, Sie ins Bett zu zerren, wäre es schön dumm von Ihnen, nicht mitzumachen und von seinem Begehren, Sie in einen Sinnlichkeitsrausch mitzureißen, zu profitieren.

Viele Männer beeindruckt das Schneewittchen-Aussehen - Meter um Meter von jungfräulichem Weiß, mit Spitze oder Rüschen besetzt, vielleicht mit einer blauen Moiré-Schärpe, als Kulisse ein Kanapee oder elegantes Empire-Bett, das mit bestickten Laken, weißen Satin-Bezügen und stapelweise mit zartfarbenen Seidenkissen bedeckt ist. Die Herausforderung, Sie, das eisige weibliche vollkommene Wesen, in Wallung zu bringen und zu erobern, kann für solche Art Mann ein Fieber werden. Er ist im allgemeinen ein außergewöhnlich feuriger Liebhaber und wird Ihnen teures Geschmeide kaufen.

Die Sehnsucht vieler Männer gehört immer noch den traditionellen, durchsichtigen schwarzen Nachthemden. In den ersten Ehejahren wird eine Ehefrau mit fast beständiger Regelmäßigkeit als Weihnachtsgeschenk mindestens ein verführerisches schwarzes Nachtgebilde bekommen. Sagen Sie nicht: »Iih, wie widerlich!« Seien Sie geschmeichelt, daß er Sie, statt über den Spülstein gebeugt und die Eßreste von dem Geschirr abkratzend, nackt sieht - abgesehen von ein paar Zentimetern schwarzem Nylon -, auf das Bett hingegossen, qualmend wie Sophia Loren oder Ava Gardner. Schwarze Nachthemden bedeuten, er interessiert sich für Sex und ist bereit, einige Mühe aufzuwenden, um es aufregend zu machen.

Und wenn Sie ganz schlimme Gebilde von Nachthemden bekommen, erröten Sie, wenn Sie nicht anders können, aber tragen Sie sie mit Stolz - und oft. Wenn er Ihnen ein Ihrer Urgroßmutter würdiges Nachtgewand schenkt, *dann* sollten Sie allmählich unruhig werden, denn Sie sind in Schwierigkeiten - als Frau.

Obwohl diese luftigen kurzen Baby-Doll-Gebilde im Augenblick ziemlich aus der Mode sind, haben sie doch noch ihre männlichen Verehrer, meist Männer, die Sie gern löffelweise mit Kaviar und Eis füttern, Sie verhätscheln und Ihnen riesige Stofftiere kaufen. Wenn Sie sich unbedingt wie ein verzärteltes Kind fühlen möchten, erproben Sie an ihm den Baby-Doll-Look und finden Sie heraus, ob er Ihr Zucker-Daddy ist.

Ein weiterer beliebter Stil fürs Schlafzimmer ist der des frisch geschrubbten Typs, der sich gerade erst seiner Weiblichkeit bewußt wird. Dies ist höchst wirksam, wenn Sie langes glattes Haar haben und einfache züchtige, doch weibliche pastellfarbene oder mit zarten Blumen bedruckte Nachthemden tragen. Schenken Sie jedoch dem Kalender ein wachsames Auge und nageln Sie den Mann, den Sie lieben, so schnell wie möglich an einem anderen Bild von Ihnen fest, denn mit diesem Jungfrauen-Look kommen Sie verdammt schlecht zurecht, wenn Sie sich erst mal um die dreißig und die vierzig herum bewegen!

Ziehen Sie sich für die Nacht zurück, ist natürlich einer der sexuell am meisten aufreizenden Anblicke, wenn Sie parfümiert, gepudert und *nackt* ins Bett hüpfen. Haben Sie eine gute Figur, ist das Attraktivste, worin Sie schlafen können, Ihre eigene Haut.

Das Haar

Seit die Frauen in den zwanziger Jahren ihre Haare zu stutzen begannen, ergehen sich die Männer in Wehklagen. Sie haben recht. Langes Haar *ist* sexy auf dem Kissen, wundervoll, die Hände dadurch gleiten zu lassen, und sieht hinreißend aus, wie es Ihren nackten Rücken hinunterwallt. Wenn langes Haar Ihr Gesicht und Ihre Figur besser zur Geltung bringt, lassen Sie es *unbedingt* wachsen, aber wenn Sie mit langen Locken fürchterlich aussehen oder einfach keinen gesunden langen Haarschopf zustande bringen, seien Sie nicht niedergeschlagen. Einige unserer größten Sex-Göttinnen trugen mittellanges oder *sogar* kurzes Haar - wie Ava Gardner, Marilyn Monroe, Jane Russell, Simone Signoret und Jean Harlow.

Langes Haar ist wie vollkommene Züge erstrebenswert, aber nicht wesentlich, um einen Mann anzuziehen.

Sie können natürlich Haarteile und Perücken zu Hilfe nehmen, um einem haarbesessenen Mann zu gefallen. All dies falsche Haar kann wunderbar die Sinne anregen, wenn er Sie beim Abendessen von der gegenüberliegenden Seite des Tisches bewundert oder im Kino bei flackerndem Licht Ihr Profil verschlingt, aber o je, was können sich für Probleme ergeben, wenn er sich mit Ihnen und diesem Haar ins Bett begibt.

Perücken rutschen. Das erste Mal, als ich mich mit einer Perücke auf dem Kopf den Freuden der Liebe hingeben wollte, verbrachte ich die meiste Zeit damit, sie krampfhaft festzuhalten, damit sie nicht eine vollendete Drehung auf meinem Kopf bewerkstelligte. Seit diesem ersten schrecklichen Erlebnis habe ich meine Hände für interessantere Tätigkeiten befreit, indem ich die Perücke an meinem Skalp mit einem Berg von Haarnadeln fest verankert habe, dennoch betrachte ich das Mit-Perücke-Lieben als etwas, auf das man sich nur gelegentlich einlassen sollte - nicht regelmäßig -, denn Perücken werden heiß bei solchem Tun, und das hält das teure Gebilde nicht allzu gut aus. Ich bin lieber von meinem eigenen

Haar bedeckt. Aber hin und wieder eine Perücke macht Spaß, vor allem wenn sich die Farbe von der Ihres eigenen Haars unterscheidet, denn das erlaubt ihm (ohne jegliche Gefahr für Sie), einen der üblichen männlichen Träume Wirklichkeit werden zu lassen - daß er mit jemandem Neues und Geheimnisvolles schläft.

Perücken und Haarteile haben auch ihre eingebauten üblen Fallen. Meine Freundin Clare, die eine Perücke mit nußbraunem Haar hat und damit einfach hinreißend aussieht, hatte ihren neuen Beau sie nie ohne sehen lassen. Er nahm an, daß das alles ihr eigenes Haar sei. Als sie das erste Mal miteinander schliefen, packte er sie in einem Übermaß von Leidenschaft an den Haaren, um sie zu sich herunterzuziehen, und er hielt die Haare in seiner Hand. Sie fielen fast in Ohnmacht. Er, weil er einen schrecklichen Augenblick lang gedacht hatte, er habe sie irgendwie aus Versehen skalpiert, und sie aus Verlegenheit und weil es weh tat.

Ganz gleich, ob Ihre Haare einen Zentimeter oder einen Meter lang sind, die Männer möchten es berühren und ihre Finger durchlaufen lassen. Alle Männer empfinden fettiges Haar als unangenehm und sind entschieden gegen übermäßiges Haarspray und so kunstvolle Frisuren, daß der Mann Angst hat, das Mädchen zu berühren. So sparen Sie sich solch sorgsame Haarpracht für den Photographen, Damenkränzchen und die großen Bälle auf. Sie gehört nicht auf ein Kissen. Wenn Sie einmal darüber nachdenken, sind Sie diejenige, die unter dem phantasievollen Aufbau am meisten leidet, denn wenn Sie ständig Angst haben, ihn zu zerstören, werden Sie sich nicht entspannen und am Bett keine Freude finden können.

Die Frauen sind in dieser Abteilung für künstliches Haar nicht die einzigen verwundbaren Wesen. Meine Freundin Linda blieb mit ihren Fingern in der Klebe des Toupees ihres neuen Freundes hängen (sie hatte nicht gemerkt, daß er eins trug). Eine heikle Situation, das müssen Sie zugeben. Aber während die klebrige Entdeckung ihr Feuer für einen Augenblick dämpfte, fand sie, er sah ohne sein Haar ganz in Ordnung aus, und nutzte sein heimliches Werk zu ihrem Vorteil aus. Er war ein bekannter Fernseh-Ansager, und wo sie in der Öffentlichkeit auch hingingen, wurden sie von wohlmeinenden Leuten bedrängt, die sie einfach nur begrüßen wollten, doch dann endlos weiterschwätzten und jede Stimmung und jedes Gespräch mit ihm zerstörten. Linda überredete ihn, kahlköpfig auszugehen (er sah ohne die Bedeckung wirklich nicht wie derselbe Mann aus), und sie hatte ihn in der Öffentlichkeit und zu Hause ganz für sich.

Ihm dagegen gefiel und ihn beeindruckte die Tatsache, daß Linda sich offensichtlich mit seinem »wirklichen« Selbst verabredete und nicht mit der Berühmtheit vom Fernsehschirm.

BHs

Während wir uns mit künstlichen Kopfbedeckungen beschäftigen, sollten wir uns lieber das Für und Wider der unterlegten Büstenhalter und der Schaumgummiprothesen ansehen. Ich habe darüber eine unumstößliche Meinung: Tragen Sie sie nicht, um damit einen Mann anzulocken oder zu verführen. Wenn Sie sie ablegen (weil man dabei eben so etwas nicht trägt), wird er die wirkliche »Sie« sehen, und wenn er ein Busen-Fan ist, wird er enttäuscht sein. Tragen Sie Ihre unterlegten Büstenhalter oder Gummikissen gelegentlich, um die Linien eines besonderen Kleides oder eines Pullovers hervorzuheben. Sind sie flachbrüstig, meiden Sie Männer, die auf riesige Brüste fliegen (sie geben Ihnen nur einen unnötigen Minderwertigkeitskomplex), und suchen Sie sich einen netten Liebhaber und/oder Ehemann, den Ihr wunderschönes Hinterteil, Ihre phantastischen Beine oder was auch immer in Raserei versetzen. Was soll's! Irgendwo gibt es ein riesenbusiges Mädchen, dem ein oder gar mehrere Ihrer guten Merkmale fehlen, und sie braucht die Bewunderung des Riesenbusen-Anbeters. Sie nicht. Für jeden Mann, der volle Brüste liebt, gibt es einen anderen Mann, der sie haßt (dem Himmel sei Dank). Stimmt's?

Sehen

Brillen gehören entschieden nicht ins Bett. Bis vor kurzem wurde den Frauen, die ohne ihre zuverlässigen Brillen fast blind waren, dadurch das Vergnügen etwas geschmälert. Den Liebespartner sehen zu können, sein Mienenspiel, die Regungen seines Körpers und all die wunderbaren Dinge, die er mit *Ihnen* macht, all das gehört zum Spaß und Reiz beim Sex. Wenn Sie in letzter Zeit das Gefühl hatten, Sie schliefen mit einem »Schatten«, besorgen Sie sich Kontaktlinsen. Wenn Sie sie vor dem Liebesakt richtig einsetzen, werden Sie *alles* mit erregender Genauigkeit sehen.

Make-up

Ich gehöre zu der Schule, die es für richtig hält, wenn man sein Gesicht, bevor man ins Bett geht, sauber schrubbt, ja, aber eine Spur von Lidstrich und einen Hauch von Lippenstift sollte man lassen.

Ich sehe wie ein Tuberkulose-Opfer im letzten Stadium aus ohne etwas Farbe auf den Lippen, und wenn meinen Augen nicht ein leichter Akzent verliehen wird, verschwinden sie einfach völlig. Eine Nacht des Schlafs auf meinem alles andere als vollkommenen Gesicht trägt nicht zu seinem besseren Aussehen bei. *Sie* mögen meinetwegen mit glänzenden Augen, schimmernder Haut und rosigen Wangen erwachen. Ich wache mit Ringen unter den Augen, einer bleichen Haut und einem verquollenen Gesicht auf. Alles, was vom vorigen Abend übriggeblieben ist und verbergen hilft, benutze ich voll Dankbarkeit. Der einzige Mann, der je mein Gesicht völlig nackt gesehen hat, ist mein Arzt, der, da er einen Beruf erwählt hat, der die Leute zu ihm bringt, wenn sie am schlimmsten aussehen, mittlerweile gegenüber greulichen Anblicken abgehärtet sein muß.

Zweifellos kennen wir alle Frauen, die ohne irgend

etwas auf ihrem Gesicht außer einem Stäubchen Puder einfach hinreißend aussehen, aber selbst mit plastischer Chirurgie könnte ich nicht zu dieser auserwählten Gruppe gehören. So bemale ich und »beleuchte« mein Gesicht.

Nicht wenige Frauen tragen heutzutage Make-up auf, bevor sie zu Bett gehen, nicht nur, damit ihr Aussehen das beste ist, während sie lieben, sondern auch, damit sie gut aussehen, wenn er mitten in der Nacht aufwacht und sie in röchelndem Schlaf neben sich auf dem Kissen betrachtet. An die entsetzliche Möglichkeit haben Sie nie gedacht, was?

Was tragen sie? Falsche Wimpern (nein, ich mache keinen Spaß), Lidstrich, eine fast nicht existierende Tönung, einen Hauch von Rouge und Lippenstift. Sie verbringen eine halbe Stunde damit, ein Make-up aufzutragen mit dem Ziel, die Wirkung von gar keinem Make-up zu haben.

Andere Frauen, die sich nicht dazu durchringen können, nachts Make-up zu tragen, aber dennoch den Gedanken nicht ertragen können, daß ihre Männer sie morgens »nacktgesichtig« erspähen könnten, sorgen immer dafür, daß sie fünfzehn Minuten vor ihrem Mann oder Liebhaber aufstehen, damit der Kreislauf eine Chance hat, mit der Wiederbelebungsarbeit fürs Gesicht zu beginnen, und sie können in aller Ruhe und aller Heimlichkeit das aufmunternde Bißchen von Make-up auftragen.

Heutzutage gibt es nur eine Situation, die eine Frau zwingt, ohne Make-up zu erscheinen - eine Operation -, und einige Krankenhäuser beginnen ihre lächerlich strengen Chirurgie-Regeln zu lockern. Wenn es überhaupt einen Zeitpunkt gibt, da eine Frau eine Stütze für ihre Stimmung braucht, dann wenn man im Begriff ist, ihr den Bauch aufzuschneiden.

Entferne ich je vollständig mein Make-up? Natürlich. Jeden Tag mindestens zweimal. Aber nie, wenn er in der Nähe ist. Überraschte er mich zufällig mit »bloßem« Gesicht, würde ich zwar nicht gerade einen Nervenzusammenbruch bekommen, doch suche ich auch nicht gerade nach Gelegenheiten, mich zur Schau zu stellen, wenn ich am wenigsten attraktiv bin.

Dem Polygamisten zu Gefallen

In einer Minute komme ich zu den erregenden Möglichkeiten der Körperbemalung und der Haremskostüme, aber erst sollten wir doch überlegen, warum eine Frau es besser lernt, für den Mann, den sie liebt, mehrere verschiedenartige Personen zu verkörpern.

Fast alle Männer sind von Natur aus polygam. Doch sehen sie sich der schrecklichen Einengung des Lebens in einer monogamen Gesellschaft gegenüber. So sehr ich es auch hasse, überhaupt daran zu denken - Männer würden, wären sie sich selbst überlassen, überhaupt nie heiraten. Deshalb ist es für einen Mann ganz natürlich, seine Augen schweifen zu lassen und eine reiche sexuelle Phantasie zu haben. Er verrät Sie nicht, wenn er sehnsüchtig zu der wohlgestalteten Blonden im Café hinüberguckt und davon träumt, sie zu verschlingen. Es ist ein natürlicher Instinkt in ihm und hat nichts mit der Tatsache zu tun, daß er Sie über die Maßen liebt. Verheiratet oder nicht - Männer hören nicht auf, sich umzuschauen, und eine beträchtliche Anzahl wird sich mit Frauen außer Ihnen vergnügen.

Es sind die Frauen, die eine Ehe am Leben erhalten und den meisten Nutzen davon haben. So begreifen Sie es für ein und allemal: Wenn die Frau will, daß ihr Mann monogam bleibt, ist sie auch verpflichtet, ihm die sexuelle Vielfalt und die Abenteuerlichkeit zu Hause zu verschaffen, die er leicht selbst woanders finden könnte.

Ich weiß, das ist ein gewaltiger Befehl. Sie müssen den schlimmsten sexuellen Feind der Frau bekämpfen - Gewohnheit -, denn sie läßt beim Manne Langeweile aufkeimen. Um ihn am »Umherwandern« zu hindern, sind Ihre größten Verbündeten:

1. Phantasie
2. Fingerspitzengefühl für seine Stimmungen und Wünsche
3. Der Mut, mit neuen sexuellen Techniken (Kapitel elf), verführerischen Situationen und Plätzen zu experimentieren.

Bereit für Beispiele? Ted und Marge waren acht Jahre verheiratet. Die ersten drei war Ted verrückt nach Marge im Bett, aber während des vierten Jahres bemerkte Marge, daß Ted für den Sex nicht mehr soviel Zeit hatte. Verbrachten sie früher gewöhnlich etwa eine Stunde im Bett, war die Zeit jetzt irgendwie auf eine halbe Stunde zusammengeschrumpft. Das allein war schon bedrohlich genug: doch Marge begann auch zu erkennen, daß ihre Art zu lieben in ein festes Muster gezwängt war. Sie wußte alles, was Ted tun würde, bevor er es tat, und wie sie darauf reagieren würde. Instinktiv wußte Marge, daß Ted reif dafür war, in das Bett einer anderen Frau zu fallen, denn er brauchte den Reiz eines neuen Erlebnisses. Sie entschied, um die Hände der anderen Frau von Ted fernzuhalten, würde sie seinen Drang nach Sex schüren.

In der nächsten Woche mußte Ted eine Geschäftsreise nach Pittsburgh unternehmen, und während er weg war, arbeitete Marge wie besessen. Zuerst ging sie in einen Schönheitssalon und ließ sich ihre wundervolle Mähne von dunkelbraunem Haar bearbeiten. Dann ließ sie ihr konventionelles Schlafzimmer - sind Sie gewappnet? - mit Spiegeln bekleiden. Spiegel aus Rauchglas an Wänden und Decke. Sie packte die alte rosafarbene Chenille-Bettdecke weg und ersetzte sie durch ein riesiges Stück imitierten Fells. Die neuen Laken waren mit einem Leopardenfell-Muster versehen, und die Beleuchtung war eine Mischung aus Kerzenlicht und winzigen lichtintensiven Leselampen.

An dem Tag, an dem Ted aus Pittsburgh zurückkommen sollte, rief Marge ihn an und sagte, sie sei sich bewußt, daß er müde sein würde, wenn er nach Hause käme, aber würde er, bitte, ihr zu Gefallen, sich genau an die Anweisungen auf den Zetteln halten, die er in der Wohnung finden würde. Teds Neugierde war geweckt, und er stimmte zu.

Auf dem ersten Zettel (an der Tür) stand: »Die Vorstellung, daß du wieder zu Hause bist, gibt mir ein warmes prickelndes Gefühl. Setz deinen Koffer ab und geh direkt zum Eisschrank.«

Am Eisschrank hing eine Notiz: »Öffne die Tür, und du wirst einen sehr trockenen Martini in einem vorgeeisten Glas finden. Nimm das Glas mit ins Badezimmer.«

Im Badezimmer fand Ted die Anweisung, sich in der Wanne voll dampfend heißem Wasser zu aalen, das schon auf ihn wartete, und währenddessen seinen Martini zu schlürfen. An seinem Handtuch war ein Zettel mit Klebestreifen befestigt; der Text lautete: »Du hast den erregendsten Körper, den ich je gesehen habe. Wenn du selbst herausfinden möchtest, warum du der sinnlichste Mann der Welt bist, komm ins Schlafzimmer.«

Vor Neugierde platzend (und jetzt selbst voller warmer prickelnder Gefühle nach dem Bad und dem Martini), ging er in das mit Spiegeln geschmückte Schlafzimmer, erblickte Marge im Bikini auf der Felldecke ausgestreckt, und das Bild ihres Körpers starrte ihm von überall entgegen: er kam in Schwung. Das ganze Wochenende über verließ er nicht einmal das Schlafzimmer, und er ließ Marge gerade so lange aufstehen, wie sie brauchte, um gelegentlich etwas zu essen und zu trinken zu besorgen.

Marge stattet nicht jedesmal, wenn sie meint, Ted könnte einen kleinen sexuellen Stachel gebrauchen, ein Zimmer neu aus, aber sie kommt gerade so oft mit etwas Unerwartetem an, wie es nötig ist, um ihn in Spannung zu halten.

Eins der einfallsreichsten Spielchen, von denen ich je gehört habe, ist von Janet (erinnern Sie sich an sie in Kapitel eins?) in Szene gesetzt worden. In ihrem Aussehen und Benehmen ist sie so würdig und ladylike, daß im Vergleich dazu Grace Kelly wie ein lüsternes Frauenzimmer wirkt.

Neulich, eines Samstagabends, hatte Janet absichtlich bis zur allerletzten Minute gewartet, um sich für die Einladung zum Essen umzuziehen. Sie war in solcher Zeitbedrängnis, daß sie sich im Wagen zu Ende schminken mußte, und als sie sich auf der Auffahrt zu dem Haus des Gastgebers befanden, zog sie gerade noch ihre Ohrringe und Handschuhe an. Janet stieg jedoch wie aus dem Ei gepellt aus dem Wagen, wunderbar gepflegt und elegant gekleidet. Sie ließ ihre Überraschung wie eine Bombe platzen, als sie auf den Eingangsstufen standen und auf die Klingel ihres Gastgebers drückten.

Gerade als die Tür aufging und es zu spät war, um sich aus dem Staub zu machen, packte Janet ihren Mann am Arm und keuchte: »O Dick, ich war in solcher Eile, daß ich vergessen habe, mein Höschen anzuziehen!«

Den ganzen Abend über stellte Dick sich vor, wie seine Frau, eine vollendete Dame, unter dem feinen Kleid aussah. Er ließ keinen anderen Mann in ihre Nähe kommen, und als sie sich zum Aufbruch anschickten, war er inzwischen so erregt von Janets verführerischer heimlicher Nacktheit, daß er es kaum abwarten konnte, mit ihr zu schlafen. Sie hielten bei einem Motel.

Dick hatte sie um sechs Uhr an jenem Abend vollständig nackt gesehen, und nicht das geringste war mit ihm geschehen, aber die Bilder, die er sich im Geist von Janets *Halb*nacktheit schuf, versetzten ihn in Raserei.

Janet hat mir am nächsten Tag gestanden, daß sich Dick in jener Nacht als Liebhaber selbst übertroffen habe und daß sie sich noch nie so verrucht und sinnlich - und begehrenswert - gefühlt habe.

Was gibt es noch für Methoden, die erfindungsreiche Frauen anwenden, um die Begehrlichkeit der Männer anzufeuern? Einer der wildesten Einfälle, von denen ich gehört habe, war eine Körperbemalungs-Party, bei der die sechs eingeladenen Paare einander die Körper mit allen Regenbogenfarben anmalten.

Eine junge Frau, die ich kenne, serviert ihrem Mann gelegentlich das Essen, ohne oberhalb der Taille auch nur das Geringste anzuhaben. Sie ist als eine »Oben-Ohne«-Gastgeberin ein voller Erfolg, denn die beiden kommen nicht einmal mehr bis zu ihrem Nachtisch.

Der einfachste Weg, um das Interesse Ihres Mannes zu erneuern, ist, Ihre äußere Erscheinung zu ändern. Nur weil sie seit Ihrem zehnten Lebensjahr eine Ponyfrisur tragen, ist das noch lange kein Grund, daß Ihre Stirn ein »lebenslänglich« bekommen muß. Versuchen Sie eine neue Frisur, die Ihre hohe Stirn allen Blicken darbietet.

Wenn Sie sich bisher matronenhafte Kleider ausgesucht haben, gehen Sie los und kaufen Sie etwas Junges und Pfiffiges. Wenn Sie den düsteren Brauns, Schwarz' und Graus verfallen sind, gehen Sie zu leuchtendem Gelb und feurigem Rot über.

Wenn Sie pummelig sind und mit einemmal zehn oder

fünfzehn Pfund abnehmen, wird Ihre neue schlanke Gestalt ein Magnet für ihn sein, einfach weil sie neu und unbekannt *ist.*

Im Sommer, wenn die Kinder im Ferienlager sind, begrüßt Sue abends ihren Mann in exotischen Kostümen und schafft die Stimmung für den Beischlaf. An einem Abend ist sie vielleicht eine Haremsdame, am nächsten eine Lolita, ein Varieté-Mädchen aus den *Folies Bergères,* eine französische Kurtisane aus dem achtzehnten Jahrhundert, eine Zigeunerin und Wahrsagerin, eine gezierte Lehrerin, die man schmeichlerisch zum Sich-Entblättern beschwatzen muß, eine römische Sklavin und eine Indianerin.

Lächerlich? Ja und nein. Glitzernde Rollen zu spielen nimmt Sue etwas von ihrer Gereiztheit wegen der eintönigen Hausarbeit, mit der sie sich jeden Tag plagen muß. Wenn sie in der Küche den Boden schrubbt und bohnert und sich dabei im Geist das Kostüm einer Geisha und ein wunderschönes japanisches Abendessen ausdenkt, zu dem sie das Kostüm tragen wird, betreibt sie das Schrubben viel fröhlicher, und Jack wird sich nicht mit einem quengeligen Eheweib auseinanderzusetzen brauchen.

Sie liebt es, dem eintönigen Lebensablauf zu entfliehen und in andere Welten einzusteigen. Jack liebt es, überrascht und umschmeichelt zu werden. Sie werden ihn nie im Büro herumlungern und mit den Kollegen einen trinken sehen. Er kann es kaum abwarten, bis er nach Hause kommt zu seiner Sue. Jack wird nie anderen Frauen nachsteigen. In der Gestalt Sues hat er so viele zu Hause, daß sein umherschweifendes Auge völlig befriedigt wird.

Sie brauchen sich nun nicht mit Sue in ihren spektakulären Einfällen zu messen, aber es würde Ihnen auch nicht weh tun, wenn Sie ihn hin und wieder nach einem harten Tag im Büro in Ihrem verführerischsten Hausanzug, jenem dummen kleinen Bikini, den Sie nicht so richtig in der Öffentlichkeit zu tragen wagten, oder jenem entzückenden Morgenrock, den Sie in eine Schublade gepackt haben, da er »zu gut ist, um ihn jeden Tag zu tragen«, begrüßen würden. Oder wie wär's mit einem hautengen Strumpfanzug oder einem seiner Hemden - mit nichts darunter?

Wenn Sie es lernen, ihn vom Ausschauhalten abzubringen und seine Neugierde auf die Wandlungsfähigkeit Ihrer Person wachzuhalten, konzentriert sich sein Interesse zu sehr auf Sie, als daß er umherstromerte.

Bedeutet das, Sie können sich nicht gehenlassen und mal Sie selbst sein? Gewiß nicht. Es bedeutet einfach, daß Sie alle Facetten Ihrer Persönlichkeit zur Schau stellen und nicht nur eine oder zwei. Sie würden auch nicht Ihr Leben lang jeden Tag dasselbe Kleid tragen. Warum sollten Sie sich selbst in Fesseln schlagen und nur eine Stimmung oder einen Lebensstil vorweisen?

Es bedeutet auch nicht, daß Sie nun fortwährend ein Chamäleon sein müssen. Seien Sie Ihr gemütliches liebenswertes Selbst fünf Tage in der Woche, und überraschen Sie ihn am sechsten Tag mit etwas Glanz und Erregung. Daß er nicht weiß, *wann* Sie ihn in Erregung versetzen werden, gehört mit zu dem Spaß.

Nehmen Sie sich selbst sofort das Versprechen ab, Ihrer äußeren Erscheinung mehr Einfallsreichtum angedeihen zu lassen. Ich wette, Sie werden Ihren ganzen Spaß daran haben - und er wird begeistert sein.

9

Wie man sich selbst den größten Liebesdienst erweist

Als verfügt wurde, daß es ganz in Ordnung und sogar wichtig für die Frau sei, sexuelle Befriedigung zu finden, ritt die Bücherwelt auf neuen Verkaufshöhen. Psychologen, Psychiater und Gynäkologen stürzten zu ihren Schreibmaschinen und Diktaphonen, um sich Hunderte von Prestige und Geld einbringenden Handbüchern abzuquälen, die Ehemänner wie Ehefrauen (Einzelpersonen hatten für sich selbst zu sorgen) darüber aufklärten, wie Ehesex aussehen sollte und wie Ehepaare sich für ihre sexuelle Befriedigung aufeinander abstimmen sollten.

Fast jedes moderne Ehepaar hat diese Bücher gelesen und all das ausprobiert, was die Autoren predigen.

Die Techniken variierten, doch die Regeln waren

klar, Frauen sprachen auf sexuelle Reize an, und es war dem Mann vorbehalten, die Frau sexuell zu erregen und zu befriedigen, ganz gleich, welche Mühe und Anstrengung es kostete. Jeder Mann, der aus purer Erschöpfung oder Rebellion schlappmachte, war ein Schmachtlappen.

Diese alte, alte Regel, daß die Frau dazu bestimmt war, dem Mann Vergnügen zu schenken, geriet auf den Kehrichthaufen, als die ersten Münzen von dem Verkauf der Ehe-Ratgeber in den Kassen klingelten.

Die Sexualwelt wurde nun des Weibes Auster, die Rollen wurden vertauscht, und nach all den Jahrhunderten von unterdrücktem Hunger hatten wir nun einen klaren Auftrag zu feiern.

Die genauen Einzelheiten, wie Sie feiern sollten, hingen davon ab, was für einen Experten Sie gerade lasen. Die sexuelle Revolution ähnelt den Revolutionen auf dem Gebiet der Kindererziehung und Psychotherapie. Theorien und Dogmen sprießen unablässig hervor und werden aufgenommen und beiseite geschoben wie die neuesten Hutmodelle. Frauen, die teilnahmslos blieben, wurden mit »frigide« etikettiert, obgleich nur wenige Jahre davor der gleiche Reaktionsmangel als völlig normal bezeichnet wurde und sogar als *ladylike:* kein Grund zur Sorge. Eine Unzahl älterer Frauen blieb in dieser Falle stecken. Es ist nicht leicht, dreißig, vierzig, fünfzig Jahre Gehirnwäsche über sich ergehen zu lassen und dann plötzlich alles umzustürzen, um neue Ideen in sich aufzunehmen.

Einige der Frauen, die gleiche Chancen im Bett zu

ergattern versuchten, rissen damit eine Pandora-Büchse von Wehklagen über Unmännlichkeit seitens der Ehemänner auf, die als unzureichende Liebhaber hingestellt wurden.

Es gab Ehemänner, die die Vielfalt der Techniken, die zur Erregung ihrer Frauen als notwendig galten, und das Gefühl der Verpflichtung so bedrängten, daß ihnen Sex keinen Spaß mehr machte und sie sogar weniger mit ihren Frauen schliefen als früher.

Manch anderer Ehemann arbeitete mit solcher Intensität und Humorlosigkeit, um seine Frau aufzuwecken, daß die Dame nervös wurde, meinte, sie *müßte* leidenschaftlich wirken, wenn er sich *soviel Mühe gab*, und so die erotischen Gefühle vortäuschte, nach denen sie verlangte.

Einige Frauen, die vor der Enthüllung Angst hatten, sie seien sexuell leer, erzählten ihren Männern und Freundinnen, sie genössen es über die Maßen, und machten sich dann heimlich Sorgen darüber, warum sie es nicht taten.

Die gewaltige sexuelle Emanzipation und die darauf einsetzende Flut von einander widersprechenden Handbüchern aus der Feder von Experten verschafften den Frauen beträchtliche Kopfschmerzen.

Indem wir nicht auf unsere Instinkte horchten, haben wir viele Fehler gemacht. Dieses Kapitel handelt von unserem schlimmsten Fehler, denn er kostete einigen von uns die Männer.

Wir waren im Bett so damit beschäftigt, »befriedigt« zu werden, daß wir unsere Verantwortung als Frauen vergaßen. Wir waren habgierig, selbstsüchtig und tölpelhaft.

Wir vergaßen, daß wir im Bett zwei waren und daß es ebenso wichtig war, dem Mann in sexueller Hinsicht ein wunderbares Erlebnis zu schenken, wie es selbst zu »empfangen«.

Wir vergaßen, was man seit Beginn aller Zeiten den Frauen beigebracht hatte: daß wir uns als Frauen mit aller Macht den wichtigsten, natürlichen Schatz - den Mann - bewahren sollten, statt ihn rücksichtslos zu gebrauchen und zu verbrauchen.

Heften Sie an Ihr Bett, Ihren Spiegel, Ihre Wand einen Leitsatz, Verehrteste, bis Sie ihn mit jeder Faser Ihres Wesens in sich aufgenommen haben: *Wir wurden dazu bestimmt, das männliche Wesen der Gattung zu erfreuen, zu erregen und zu befriedigen.*

Wirkliche Frauen wissen das.

Schreien Sie mir nicht »unfair!« zu. Die Natur kümmert sich auch um uns, denn beides gilt: Männer wurden dazu bestimmt, das weibliche Wesen der Gattung zu erfreuen, zu erregen und zu befriedigen.

Die beiden Geschlechter begehen dazu verschiedene Wege. Die Männer erobern durch aggressive und geschickte Leidenschaft und Liebe; die Frauen ergeben sich und werden von Leidenschaft und Liebe mitgerissen. Nun, all dies führt zu dem Punkt, auf den es mir ankommt.

Wenn Sie zurückblättern bis Kapitel zwei, werden Sie feststellen, daß der dritte Schlüssel zur Sinnlichkeit das Verlangen zu geben war.

Wenn Sie fähig sind, freudig, zärtlich und »lustvoll« jeden Zoll Ihres Selbst ihm anzubieten, damit er sich daran ergötze, und wenn Sie fähig sind, einfühlsam Ihren erotisch geschulten Körper als ein sinnliches Instrument zu benutzen, um seinen Appetit zu befriedigen, dann werden Sie finden, daß Ihnen ein durchdringend schönes Erlebnis dafür geschenkt wird. Denn es wird nicht in seiner Macht stehen, anders zu können, als die Gelegenheit beim Schopf zu fassen und es mit Ihrer vollkommenen Sinnlichkeit aufzunehmen.

Ist er in Gesellschaft eines meisterhaften Künstlers (Sie selbst), wird er bei seinen eigenen Darbietungen instinktiv eine ähnliche künstlerische Leistung zu erreichen versuchen.

Ich habe es einmal erlebt, wie eine wirklich miserable Schauspielertruppe Aufführungen von hoher Qualität zustande brachte, sobald sie auf derselben Bühne mit der großen Schauspielerin (und Perfektionistin) Judith Anderson erschien. Miß Andersons Unfähigkeit, Mittelmaß hinzunehmen, verlieh jedem Schauspieler das Gefühl, sein Leben hing davon ab, daß er überragend war, und die bloße Macht ihrer Gegenwart brachte die Schauspieler dazu, Leistungen vorzuweisen, von denen sie selbst nicht wußten, daß sie in ihnen steckten. Sie mußte von Qualität umgeben sein und sog damit die Qualität aus ihnen heraus.

Genauso mit einem Mann im Bett zu verfahren - dazu haben Sie die Macht. Lernen Sie, sie zu gebrauchen.

Niemand gewinnt mehr beim Geben als eine Frau.

Wie können Sie es sich selbst lehren zu geben? Sie haben schon einige Schritte dazu unternommen. Als Sie sich mit den Übungen der Kapitel zwei und drei beschäftigten, haben Sie Ihren Körper zu einem schnelleren und schärferen Reaktionsvermögen trainiert. Wenn Ihr Körper mehr *empfindet,* gibt er automatisch mehr, denn er weiß instinktiv, wenn er von sich selbst etwas gibt, bekommt er etwas dafür. Dies steigert die Dividenden in mehr und besseren Orgasmen und erregenderem Sex. Sie werden merken, ob Sie mit Erfolg geben, wenn Ihr Körper spürt, daß der Funke auf ihn übergesprungen ist, ihn mitreißt und Sie nicht anders können, als in jede Richtung, die er wählt, mit fortgeschwemmt zu werden.

Seine Reaktion auf Ihre sexuellen Techniken ist ein zweiter Hinweis. Kapitel elf wird Sie mit der zur Liebe notwendigen Geschicklichkeit ausrüsten, damit er den Genuß findet, den er sich erträumt.

Denken Sie daran, je wundervoller Sie zu ihm im Bett sind, um so wundervoller wird er zu Ihnen sein.

Zu geben kann Sie ins Paradies führen. Eine »Gib-mir, Gib-mir«-Haltung im Bett kann Ihnen mittelmäßigen Sex oder Schlimmeres eintragen - überhaupt keinen Sex. Mit ziemlicher Wahrscheinlichkeit läßt er Sie um einer einfühlsameren Partnerin willen fallen. Geben Sie - aber seien Sie keine Märtyrerin, Heilige oder ein Fußabtreter. Ihr Gehirn ist Teil Ihres Körpers, und Sie müssen es benutzen.

Lernen Sie, eine »Geberin mit Verstand« zu sein. Wenn er beim ersten Mal, da Sie miteinander schlafen, nicht zurückgibt, kommen zwei Möglichkeiten in Betracht:

1. Er ist selbstsüchtig.

2. Er steht sexuell noch nicht in seiner vollen Blüte und weiß technisch wie emotional noch nicht richtig, wie er sich verhalten soll.

Ist der Kerl selbstsüchtig, befreien Sie sich von ihm. Er wird Ihrer niemals wert sein, und Sie werden eine Menge Spaß mit jemand anders versäumen.

Hat er viele gute Eigenschaften, die zu der Hoffnung berechtigen, er werde auf sexuellem Gebiet noch eine Menge lernen - und Sie mögen ihn -, helfen Sie ihm, sein Sexualempfinden zu erforschen und zu steuern.

Viele sinnenbegabte Männer erreichen erst mit vierzig oder fünfzig die Blüte ihrer Jahre.

Einer der leidenschaftlichsten Männer, die ich je kennengelernt habe, war sechsundfünfzig Jahre alt, als er lernte, seiner ausgeprägt erotischen Natur freien Lauf zu lassen. Sein ganzes Leben lang hatte er seine Sexualität unter strenger Kontrolle gehalten. Tatsächlich bewegte er sich in seinen sexuellen Einstellungen und Handlungen am Rande des Puritanischen.

Als wir zum erstenmal miteinander schliefen, war er schockiert von meiner Freude am Sex und meinem Vergnügen, selbst zu geben. Ich stürzte ihn in einen jähen Kampf mit sich selbst, denn er tadelte sich, weil er so auf mich ansprach, und mich, weil ich ihn so erregte, und was das schlimmste von allem war, er konnte sich nicht von mir lösen. Oh, was hat er gelitten!

Ich ahnte, wieviel Sinnlichkeit in ihm steckte, und

hatte die Geduld zu warten, bis sie hervorbrach. Innerhalb weniger Wochen hatte sie sich voll entfaltet, und er wurde ein unvergleichlicher Liebhaber. Obwohl es einiger Zeit bedurfte, seine Sinnlichkeit hervorzulocken, habe ich noch nie einen Mann mit einem gesünderen sexuellen Appetit getroffen und auch keinen, der einer Frau sexuell mehr geben konnte, als ihn.

Er war es wert, daß man ihm »gab« und auf ihn wartete, und er ist ein perfektes Beispiel dafür, was ich unter »geben mit Verstand« meine.

Werfen Sie sich nicht weg, aber halten Sie sich auch nicht zurück bei einem Mann, der es wert ist. Wenn Sie bei diesem Mann völlig zum Geben bereit sind, *erweisen Sie sich selbst den größten Liebesdienst.*

10

Wie man »vorher« erkennt, ob ein Mann eine gute Bett-Partie ist

Man wird ein Buch wohl nicht nach seinem Umschlag beurteilen können, aber man kann eine Menge nach äußeren Anzeichen über die sexuellen Talente eines Mannes sagen. Ohne es zu wissen, bietet ein Mann mehrere Schlüssel zu seiner Sinnlichkeit.

Wenn Sie es lernen, diese Schlüssel schon in den frühen Stadien des Geplänkels zu erkennen, werden Sie eine gute Vorstellung davon bekommen, ob er sexuell zu Ihrem Verein gehört oder ob Sie lieber einen anderen Spielplatz erforschen möchten.

Zum Beispiel können die Augen sehr enthüllend sein - und irreführen. Bevor Sie sich von einem Paar glänzend blauer oder samtig brauner den Kopf verdrehen lassen, beobachten Sie, wie er sie einsetzt.

Liebkosen seine Augen Ihren Körper und entkleiden ihn mit sichtlichem Vergnügen? Das ist ein gutes Zeichen.

Haben Sie das Gefühl, er sieht Ihren Körper nie voll an? Sogar wenn Sie ihm den Rücken zudrehen? Vorsicht. Er kann einer von den Männern sein, die sich des Geschlechtsaktes schämen und deshalb eine mechanische Vorstellung bieten.

Versucht er, Sie mit Augenspielen in seinen Bann zu ziehen? Durchdringende Blicke, die Ihnen das Gefühl geben, er kann bis hindurch zu Ihrem klopfenden Herzen und Ihrer bebenden Klitoris sehen, oder lange schmachtende Blicke, dazu ausersehen, Sie wie Butter zerschmelzen zu lassen, sind keine Hinweise für überragende Geschicklichkeit. Sie können Hinweise auf den zweitrangigen Liebhaber sein.

Sind Sie verstört, weil Sie für ihn ohne seine Brille nur ein Nebelschleier sind? Seien sie es nicht. Kurzsichtige Männer sind oft wunderbare Liebhaber, während es einige männliche Wesen gibt, die mit der Sehschärfe eines Adlers und der sexuellen Kraft eines Eunuchen einherspazieren.

Gehört er zu jenen, die sich nicht weiter darum kümmern, während ihrer ersten sexuellen Annäherungen auch Ihr Gesicht und Ihre Individualität in Augenschein zu nehmen? Halten Sie sich fern von ihm. Er interessiert sich nicht für Sie, er sucht nur eine passende Bettgefährtin. Achten Sie auf seinen Kußstil? Geht er auf Ihren Mund so heftig los, daß Sie befürchten müssen, er werde Ihnen Ihre Vorderzähne in den Rachen rammen, wird er in den fortgeschrittenen Stadien des Techtelmechtels sogar noch ungehobelter sein. Wenn Sie nicht gerade von medizinischer Neugier besessen sind, ist dieser Mann nicht allzu viel wert für Sie, denn Sie werden die halbe Zeit damit zubringen, sich vom Orthopäden die Schulter einrenken, vom Zahnarzt neue Zähne anfertigen, vom Knochenchirurgen die zarten Finger gipsen zu lassen und sich aus dem Eisschrank Eiswürfel für Quetschungen zu holen.

Wenn er auf der anderen Seite nur mit trockenen spitzen Lippen an Ihnen herumpickt, ist es ziemlich unwahrscheinlich, daß er Ihr Blut später noch in Wallung bringt. Schicken Sie ihn zu einem Mädchen, das meint, Sex sei eine der unangenehmen, unausweichlich mit Ehe verbundenen Pflichten. Sie verdienen einander.

Seibert er beim Küssen, ist er nicht sinnlich.

Männer, die gute Liebhaber sind, setzen unterschiedslos während der frühen Küßstadien ihre Zunge phantasievoll ein. Gebraucht er seine Zunge ungeschickt oder überhaupt nicht, wird er ebenso langweilig im Bett sein.

Wenn er Sie streichelt, fängt es dann bei Ihnen an zu prickeln, und durchströmt eine wohlige Wärme Ihren ganzen Körper? Er wird wahrscheinlich noch hitzigere Reaktionen bei Ihnen hervorrufen, wenn Sie sich Ihrer Kleider entledigt haben. Ist er jedoch ein Blusen-Zerdrücker und ein Rockzerrer, wird er mit Ihrer bloßen Haut auch nicht zartfühlender umgehen. Betrachten Sie ihn sich mit Vorsicht.

Behandelt er Ihre Brüste wie unreife Pampelmusen, statt sie fest, doch sanft zu streicheln: Wer braucht ihn?

Sichert er sich eine angezündete Zigarette im Aschenbecher, während er versucht, Sie zu verführen? Vielleicht hat er es mehr mit Tabak als mit Sex.

Kommt er gerade pünktlich zum Essen, trinkt und ißt er dann wie ein Schwein, um später auf der Couch einzuschlafen, während Sie den Tisch abräumen? Sein Nahrungshunger wird ausgeprägter sein als sein Geschlechtstrieb.

Es gibt viele Schlüssel zu dem sexuellen Niveau eines Mannes. Wenn Sie wachsam sind, werden Sie ziemlich schnell dahinterkommen.

Kann er alle Ihre Warnsignale passieren und sich dennoch als ein Nichtsnutz im Bett entpuppen? Ja, Sie können gelegentlich völlig an der Nase herumgeführt werden. Aber wenn Sie alle Ihre Sinne gelehrt haben, sich auf den männlichen Liebesstil einzustimmen, werden Sie kaum öde Liebhaber in Ihr Leben hineinlassen.

Vor der intimen Bindung die Spreu vom Weizen zu trennen ist für beide netter und rücksichtsvoller. Sie bewahren seinen männlichen Stolz davor, durch die Erkenntnis, was Sie sexuell von ihm halten, zerstört zu werden, und Sie bewahren sich selbst vor einer weniger als glücklichen Erfahrung. Wenn Sie also sicher sind, daß er ein schrecklicher Bettpartner sein wird, seien Sie gnadenlos und schließen Sie ihn aus Ihrem Geschlechtsleben aus. Es gibt in dieser Welt zu viele wirklich wunderbare Männer, als daß Sie Ihre Zeit mit einem kümmerlichen Liebhaber vergeuden sollten, nur weil er gerade zur Hand ist oder Sie keine häßliche Szene auf sich nehmen oder seine Gefühle nicht verletzen möchten.

II

Wie man einen Mann in Ekstase versetzt

Sogar die Pilgerväter hatten ihr Geschlechtsleben. Ich habe gelinde Zweifel, ob sie ein *überragendes* Geschlechtsleben hatten, aber von Zeit zu Zeit waren sie bestimmt einer plötzlichen ausbrechenden Unruhe und Rührigkeit verfallen. Bedenken Sie also, wenn Sie Ihren schönen Körper in sein Bett verfrachten, daß die Tradition sehr alt ist - und lernen Sie, richtig zu lieben.

Für richtige Liebe gibt es heutzutage keine Grenzen, und harmonisches Lieben wird mit vollendeter Geschicklichkeit und Anmut erreicht.

Bedeutet dies, daß ich Ihnen anrate, ziemlich unerhörte Dinge anzustellen? Uhmmhmmm. Ich werde Ihnen *genau* erzählen, wie man unerhörte, herrliche Dinge mit dem Mann anstellt, den man liebt.

Schritt für Schritt.

Und Sie werden, wenn Sie mit etwas Vernunft begabt sind, jeden einzelnen davon versuchen.

Darüber hinaus werden Sie sich selbst schockieren und sogar eine ganze Anzahl von diesen phantasievollen Möglichkeiten, Liebe und Sinnlichkeit auszudrücken, schätzenlernen. Denn Sie werden jetzt eine sinnenfreudige Frau, vergessen Sie das nicht, und es ist Zeit, die Vorstellung, daß es richtige und falsche Liebesarten gibt, für immer zu begraben.

Wenn Sie zu den Generationen gehören, die in dem Glauben erzogen worden sind, der Geschlechtsverkehr sei das unglückliche Los einer Frau - dazu noch die Menstruation, Berge von Wäsche und nie enden wollende Stapel von schmutzigen Tellern, Töpfen und Pfannen -, werden Sie ein wenig härter zu arbeiten haben als andere Frauen, um die Geister von sexuellen Schuldgefühlen und Popanzen zu verbannen.

Wenn Sie eine »befreite« Tochter der heutigen Generation sind, müssen Sie auch auf der Hut sein, da Sie in Ihrer Kindheit diese Atmosphäre von sexueller Unterkühlung mit aufgesogen haben, und selbst wenn Sie sie durch Erkenntnis überwunden haben, können Sie gelegentlich doch einen Rückschlag erleiden. Besonders verwundbar sind Sie gerade dann, wenn Sie sich sexuell an etwas Neuem versuchen wollen. Wenn Sie merken, daß die eisige Anklage einer neuen Stellung oder Geste Sie zu hemmen beginnt, schließen Sie die Augen, und sagen Sie sich selbst mit allem Nachdruck, daß alles, was zwei Menschen auf der Basis von Liebe sexuell miteinander zu tun lernen, anständig, achtenswert und gut für Sie ist, und dann tun Sie das Neue, weswegen Sie Hemmungen haben, *sofort*. Sie sind in Ihrem Kampf um eine gesunde offene Einstellung zum Sex schon zu weit vorangeschritten, als daß Sie sich zurücktreiben lassen könnten, sobald Sie auf etwas Ungewohntes stoßen.

In den folgenden Abschnitten werden Sie die Grundzüge der Liebeskunst lernen. Einige werden Ihnen besser gefallen als andere; einige werden *ihm* besser gefallen als andere.

Alle davon sind normal und allgemein verbreitet. Probieren Sie sie aus, diskutieren Sie über die Ergebnisse miteinander und machen Sie die Dinge, die Sie am meisten erregen, zu einem festen Bestandteil Ihres Liebeslebens.

Die erogenen Zonen des Mannes

Um die Liebeskunst bei einem Mann richtig anzuwenden, muß man den Bereich kennen. Den meisten Frauen mangelt es an der Erkenntnis, daß der männliche Körper geradezu mit Stellen übersät ist, die potentielle Brutstätten für erotische Reaktionen sind.

Auch die meisten Männer sind überrascht, wenn sie das herausfinden. Sie waren so sehr damit beschäftigt, ihre Gedanken und Empfindungen auf den Penis zu konzentrieren, daß sie es vernachlässigt haben, die übrigen Dinge bei sich zu entdecken.

Wußten Sie zum Beispiel, daß fünfzig bis sechzig

Prozent aller Männer eine leichte oder volle Erektion der Brustwarzen haben? Und daß manche männliche Brust erotisch ansprechbarer sein kann als die Ihre?

Und wußten Sie, daß manche Männer eine Erektion bekommen, wenn Sie sie sanft in die Pobacken beißen?

Und daß, wenn Sie mit Ihrer Zunge das Innere der Ohrmuschel eines Mannes umkreisen, Sie ihn in einen Zustand des Bebens versetzen können? Und daß, wenn Sie ihm Ihren warmen Atem ins Ohr blasen, er zugleich eine Gänsehaut bekommen kann?

Und daß er es wahrscheinlich verabscheut, wenn Sie mit seinem Bauchnabel spielen?

Jedes männliche Wesen ist sexuell einzig. Solange Sie nicht einfühlsam jeden Bereich des Körpers Ihres Mannes erforscht haben, werden Sie ihn nicht völlig kennen.

Der Kopf

Einer der erotischen Bereiche eines Mannes ist das *Innere* seines Kopfes. Seine Reaktion auf sexuell anregende Bilder, pornographische Literatur oder Ihre Stimme am Telefon, die aufreizende sexuelle Vorschläge säuselt, ist gewöhnlich unmittelbar und offensichtlich.

Die kluge Frau vergißt nie, wie wichtig es ist, ihn geistig aufzuwecken. Wenn Sie ihm *genau* das einflüstern, was Sie mit ihm im Bett zu tun beabsichtigen, wird das Bilder in seiner Vorstellungswelt schaffen, die ihn wahrscheinlich genauso aufregen werden wie das tatsächliche Geschehen. Wenn Sie ihm eine aufreizende Szene aus einem pikanten Buch vorlesen, können Sie ihn auf diese Weise vielleicht sogar von der siebenundzwanzigsten Fußballschlacht der Woche im Fernsehen wegziehen. Ich sage *vielleicht* in diesem Fall, denn wenn er ein Fußball-Fan ist, bin ich nicht sicher, ob es selbst Sophia Loren gelänge, ihn vom Fernsehen loszueisen, wenn dort gerade Fußball-Heldentaten vollbracht werden.

Photographien sind unglaublich. Diese plumpen, geschmacklosen französischen Postkarten und Zeitschriften können ihm auch als plump und geschmacklos erscheinen, aber während er sie betrachtet und sagt »wie häßlich«, seien Sie nicht überrascht, wenn sich bei ihm der Beginn einer Erektion bemerkbar macht. Ihnen mag ganz warm und flatterig zumute werden, wenn Sie ein Sonett lesen. Die Temperatur eines Mannes steigt bei grundlegenden literarischen Stimuli schneller. Sorgen Sie also dafür, daß seine geistige Bibliothek gut bestückt bleibt.

Der Kuß

Das Geheimnis, gut zu küssen, ist ein entspannter Mund. Spitzen Sie *nie, nie* die Lippen oder küssen mit fest aufeinandergepreßten Lippen und Zähnen. Hätten *Sie* es gern, jemanden zu küssen, der sich anfühlt, als sei er im frühen Stadium eines Kinnbackenkrampfes? Nun, auch er hätte es nicht gern. Lassen Sie Ihre Lippen fast schlaff werden. Lösen Sie die Spannung von Ihrem Kinn aus. Automatisch werden Ihre Zähne leicht auseinandergehen, und Sie werden diese neckfreudige Zunge von Ihnen in seinen Mund schlüpfen lassen, während der Druck des Kusses (und Ihrer Leidenschaft) sich verstärkt.

Natürlich werden Sie beim Küssen seiner Führung folgen, aber es gibt eine Menge, was Sie tun können und was er nicht als »die Führung übernehmen« betrachten kann. Der Trick ist, daß Sie hier und da als Reaktion auf ihn eine Verschönerung Ihrer eigenen Erfindung einfließen lassen. Zum Beispiel, wenn Sie nach einem dieser langen hungrigen Seelenküsse nach Luft schnappen, küssen Sie ihn leicht und geschwind auf Augen, Nase, Stirn, Haar, Kinn und dann wieder auf den Mund, ziehen mit einer sanften saugenden Bewegung die rechte Seite seiner Oberlippe in Ihren Mund und dann die ganze Unterlippe, lassen Sie sie los und gleiten Sie weich mit Ihrer Zunge über seine Vorderzähne, das Zahnfleisch und an der Innenseite seiner Lippen herunter, und dann verlieren Sie sich wieder in einem tiefen Kuß. Uhmmm. Wie köstlich!

Erinnern Sie sich an die Zungenübungen in Kapitel zwei? Merken Sie, wie die erhöhte Beweglichkeit Ihnen hilft, tief in seinen Mund einzudringen und unter, über und um seine Zunge herumzuschnellen? Spüren Sie Ihre neue Kraft, während Sie seine Zunge in Ihren Mund hereinsaugen? Und wie ihn ein Schauer überläuft, wenn Sie Ihre Zunge spielerisch über seine Wange gleiten lassen, den Hals hinunter, quer über seine Brust bis zur linken Seite? Streichen Sie mit der Zunge ein paarmal um seine Brustwarze, dann hinüber zur anderen Brustwarze, reizen Sie sie und dann zurück zu seinem Mund.

Kein Mann könnte bei einem Mund wie dem Ihren, der ihn in solche Aufregung versetzt, gleichgültig bleiben.

Küssen Sie ihn überall, und kehren Sie immer wieder zu den Stellen zurück, die er am meisten mag.

Becken- und Vagina-Muskeln und die erstaunlichen Empfindungen, die sie hervorrufen können

Wenn ich sexuell erregt bin, *muß* sich mein Körper einfach hin- und herbewegen. Ich bin immer so gewesen. Jahrelang dachte ich, das sei ein Gebrechen, und bei Verabredungen versuchte ich mich so stark zu konzentrieren, um dieses aufschlußreiche Sich-Winden zu unterdrükken, daß ich gar keine rechte Freude mehr am Küssen haben konnte. Ich war anständig erzogen worden, und für mich bestand kein Zweifel: Kein nettes Mädchen vollführt solche Windungen.

Man kann nur so dumm sein, wenn man jung ist, glaube ich.

In späteren Jahren, wenn ich meinen Körper seinen eigenen natürlichen Weg gehen ließ, war ich wie erschlagen, als ich entdeckte, daß meine schandhaften Beckenwindungen beim entgegengesetzten Geschlecht Gegenstand großer Bewunderung waren. Und die Männer wurden besessen von dem Wunsch, herauszufinden, wie sich ihr Penis in der Mitte dieser rhythmischen und aufreizenden Windungen eingebettet fühlen würde. Ein Mann hat mir einmal gestanden, daß er einige Monate lang immer wiederkehrende sexuelle Träume in dieser Richtung gehabt habe.

Männer wurden schon immer von wellenartigen Bewegungen hypnotisiert. Es gibt nichts Hypnotisierenderes als eine Bauchtänzerin, und das Repertoire der stoßenden und reibenden Stripperinnen fasziniert immer noch das Publikum, selbst wenn die Vorführung sonst von tödlicher Langeweile ist. Lernen Sie Ihr Becken und Gesäß so zu bewegen, als hätten Sie ein Kugellager in sich. Legen Sie sich auf den Rücken, wobei das Gewicht auf den Schultern und Armen liegt. Heben Sie die Hüften ein paar Zentimeter vom Bett hoch, und vollführen Sie phantasievolle Zeichnungen mit diesem Teil Ihres Körpers. Versuchen Sie zunächst Kreise, im und gegen den Uhrzeigersinn, dann beschreiben Sie eine Acht und ein Quadrat. Jetzt lassen Sie Ihre Gesäßmuskeln den Beckenbereich auf und nieder stoßen, auf und nieder, auf und nieder. Stellen Sie sich vor, wie es wäre, wenn Sie seinen Penis tief in sich fühlten, während Sie sich bewegen. Uhmmm. Sehr schön. Und stellen Sie sich die Empfindungen vor, die Sie *ihm* vermitteln. Nun spannen Sie Ihre Vagina-Muskeln an, als versuchten Sie, seinen Penis zu umklammern. Entspannen Sie und ziehen Sie die Muskeln wieder zusammen, und entspannen Sie. Wenn Sie die Sinnlichkeitsübung Nummer sieben gemacht haben, wird es Ihnen ein leichtes sein, ein halbes Dutzend verschiedener Greif- und Stoßbewegungen praktisch ohne jede Anstrengung auszuführen.

Falls Sie nur so getan haben als ob, gehen Sie dagegen an. Wenn ein Mann in eine Frau eindringt, sollte sie nicht daliegen wie ein Holzklotz, sie sollte seinen Stößen entgegenkommen, mit ihnen verschmelzen, seinen Penis so verlocken, daß er pochend nach ihren Tiefen hungert und das Gefühl hat, der Mittelpunkt des Universums sei ihre pulsierende und den Verstand raubende Vagina.

Das gibt gute Muskeln.

Was gewinnen Sie dabei? Drei Dinge:

1. Die Erkenntnis, daß Sie ihn sexuell zur Raserei treiben.

2. Die Übungen helfen höchst wirksam, eine dünnere Taille, schmalere Hüften, einen flacheren Bauch und ein festes Gesäß zu bekommen.

3. Ihre größere Biegsamkeit erlaubt Ihnen, Ihr Bekken so zu wölben, daß Sie einen maximalen Reiz der Klitoris erreichen, und wir beide wissen, wie positiv sich das auswirkt!

Beginnen Sie also die Gesäß-, Unterleibs- und Bauchmuskeln zu trainieren. Die sinnliche Frau (das sind Sie, denken Sie daran) muß auch überragend sein beim -

Knabbern, Kneifen, Essen, Lecken und Saugen

Jetzt rümpfen Sie nicht die Nase und machen Sie nicht so ein entsetztes Gesicht! Oraler Sex ist für die meisten Leute, die sich wirklich einmal daran versuchen, etwas Herrliches. Er gehört mit zu der Fülle von Freuden einer sinnlichen Frau und hat dazu noch den Vorteil - wenn Sie ein Snob sind -, ein »Status-Stil« in der Kunst des Beischlafs zu sein. (Diese Art bevorzugen viele Filmstars, Künstler, bekannte Europäer und Anhänger des *Jet Sets.*) Widert der Gedanke, den Penis eines Mannes in den Mund zu nehmen, Sie an? Wenn ja, sind Sie wahrscheinlich ein typisches Produkt der Tabus, die orale Befriedigung verdammen. Schließlich sind wir in dem Denken erzogen worden, daß einer der natürlichsten und schönsten Handlungen der Welt, die der ihr Kind stillenden Mutter, für das Auge peinlich und beleidigend sei. Warum sollten wir nicht auch glauben, daß es unhygienisch und schlecht sei, mit unseren Lippen einen Bereich des Körpers zu berühren, der in unserer Vagina gesteckt hat und regelmäßig zum Urinieren benutzt wird?

In Wirklichkeit ist es weitaus weniger unhygienisch, den Penis eines Mannes zu küssen, als ihn auf den Mund zu küssen. Mund und Hals sind richtige Brutstätten von Bazillen. Deshalb sind Sie auf einer Parteiversammlung mehr Gefahren ausgesetzt als im Bett. Was das Schlechte beim Mundverkehr angeht, lernen Sie begreifen, daß das einzige Schlechte dabei ist, daß Sie meinen, er sei schlecht für Sie.

Das erste Mal, als ein Mann auf mir »niedertauchte« (offiziell Cunnilingus genannt, wenn er es bei Ihnen tut, und Fellatio, wenn Sie es bei ihm tun - tatsächlich verzichten meist beide Geschlechter auf die wissenschaftlichen Begriffe und sagen »lecken«), war ich, offen gestanden, etwas schockiert. Ich konnte mir nicht vorstellen, warum er etwas so Ekelhaftes tun wollte. Obwohl ich mich ruhig verhalten habe, müssen sich meine Gefühle ihm mitgeteilt haben, denn er zog sich (zu meiner großen Erleichterung) rasch zurück und ging wieder zur »korrekten« Liebesart über: Koitus, Mann oben und Frau unten, und alles Küssen auf den Mund-zu-Mund-Bereich beschränkt.

Als ich mich der Liebe mit größerem Engagement zuwandte, entdeckte ich, daß es für einen Mann anscheinend nicht nur normal war, nach dem oral-genitalen Kontakt mit einer Frau zu verlangen, fast alle wollten unterschiedslos, daß sie (wer, ich!?!) mit ihm entsprechend verfuhr.

Meiner ganzen puritanischen Erziehung widerstrebte dieser Gedanke. Die praktische Seite in mir bedeutete mir jedoch, daß, während ich von dem oralen Geschlechtsverkehr wenig begeistert, ich von dem Koitus *sehr* begeistert war und daß ein paar Minuten oral-genitaler Spielerei nur ein kleiner Preis war für das große Vergnügen, das mir alles Übrige des Liebesaktes einbrachte.

So beschloß ich, daß es in meinem ureigensten Interesse sei, den Mund offen zu halten (in diesem Fall) und ein paar grundlegende orale Techniken zu lernen, um dem Mann, den ich liebte, zu gefallen und ihn zu erregen.

Nach einer Weile brachte ich es fertig - durch reine Übung –, meinen Widerwillen zu überwinden. Ich wurde nicht wild versessen auf den oralen Geschlechtsverkehr, aber er machte mir auch nichts aus und bereitete mir rein gefühlsmäßig schon einigen Genuß, weil ich damit meinen Partner glücklich machte.

Es wäre mir nie eingefallen, daß ich im oralen Geschlechtsverkehr eine Erfüllung finden könnte, aber dank einem explosionsartigen Erlebnis mit einem ziemlich ungestümen und ungehemmten Mann aus Chicago fand ich schließlich den Zugang zu den Freuden der oralen Befriedigung.

Der Abend meiner Erleuchtung begann in einem prächtigen New Yorker Restaurant und endete zwei Tage später, als wir ausgelaugt und heiter aus seinem Penthouse in Manhattan auftauchten. Während dieser achtundvierzig Stunden übertrug jener wundervolle Mann auf mich seine ganze ekstatische Freude an allen Dingen, die man mit dem Mund ausführen kann. Zunächst einmal wandte er gleichbleibend über eine längere Zeit hinweg mit Mund und Hand unablässig höchst wirksame Techniken an, um mich auf einem Punkt der Erregung zu halten, wo es fast unmöglich war, nicht entsprechend zu reagieren, und dann hielt er es eben für selbstverständlich, daß mich jeder Aspekt von Sex ebenso begeisterte wie ihn.

Wie sich herausstellte, hatte er recht. Plötzlich schalteten alle diese Muskeln von mir, die heimlichen Widerstand geleistet hatten, auf das Gegenteil um, drängten voran, begehrlich und verlangend. Mein Mund und meine Zunge sehnten sich danach, alles von ihm zu schmekken und zu fühlen. Und das tat ich dann auch! Es war sogar besser als Kaviar und Champagner, die ich beide - man stelle sich vor - beim ersten Versuch verabscheut hatte. Offenbar brauchen meine Geschmacksnerven eine Weile, um auf die guten Dinge des Lebens anzuspringen.

Sie werden es vielleicht nie lernen, dem oralen Geschlechtsverkehr etwas abzugewinnen, aber es gibt zwei ausgezeichnete Gründe für Sie, wenigstens eine angemessene Praktikerin zu werden:

1. Experimente werden wahrscheinlich Hemmungen abschwächen und Ihr beiderseitiges Empfinden der Vertrautheit vertiefen.

2. Ihr Mann wird Sie dafür lieben.

Hier sind ein paar grundlegende orale Techniken:

P/M - Penis/Mund-Technik

Lassen Sie den Mann sich auf den Rücken legen. Knien Sie rechts oder links neben ihn, so daß Ihre Knie einen rechten Winkel zu seiner Hüfte bilden. Beugen Sie sich vor, nehmen Sie den Penis und betten Sie ihn sanft auf Ihre Handfläche. Streichen Sie mit der Zunge um die Eichel, so daß sie ganz befeuchtet ist, und dann benetzen Sie Ihre Lippen mit der Zunge. Nun strecken Sie Ihren Mund nach vorn, bis er die beiden Zahnreihen bedeckt. Dafür gibt es zwei Gründe. Einmal müssen Sie vermeiden, unachtsam die zarte Haut des Penis zu ritzen oder zu schneiden; außerdem bilden die bedeckten Zähne eine feste glatte Furche, die ungemein wirksam ist, um in diesem höchst empfindsamen Organ Reize auszulösen.

Wenn Sie diese Furche gebildet haben, nehmen Sie den Penis und führen Sie ihn in Ihren Mund ein. Langsam schieben Sie Ihren Mund hinunter bis ans Ende des Penis und dann wieder hinauf bis zur Eichel. Wenn der Penis nicht leicht genug hinein- und hinausgleitet, befeuchten Sie Ihren Mund noch ein paarmal mit der Zunge. Probieren Sie es aus, und Sie werden herausfinden, welchen Rhythmus er bei der Behandlung vorzieht. Vielleicht hat er es gern, wenn Sie an einer langsamen, stetigen Ein-und-Aus-Bewegung festhalten, oder er zieht eine kräftige, schnelle Bewegung vor oder vielleicht die Verbindung von beidem.

Nachdem Sie die P/M gemeistert haben, fügen Sie zu dieser grundlegenden Technik das »Schmetterlingsflattern« und den »seidenen Strudel« hinzu.

Das Schmetterlingsflattern

Eines der erregendsten Dinge, die Sie bei Ihrem Mann anstellen können, ist das »Schmetterlingsflattern«. An der Unterseite des Penis gleich hinter der Spitze ist eine Furche, »Corona« genannt. Direkt unterhalb der Corona ist ein zartes, vertikal verlaufendes Häutchen. Dies ist der empfindlichste Bereich des männlichen Körpers. Um ihn sofort zur Ekstase zu treiben, nehmen Sie die Zunge und flattern Sie damit *leicht* vor und zurück über dieses Häutchen - gleich einem zarten Zupfen auf einem Banjo. Nun lassen Sie ein paarmal Ihre Zunge zum Ende des Penis gleiten und wieder hinauf, mehrere Male, und dann kehren Sie zu dem »Schmetterlingsflattern« zurück, nur daß Sie dieses Mal die ganze Unterseite des Penis auf- und abflattern. Fahren Sie fort, bis der Mann um Gnade bittet.

Der seidene Strudel

Dies ist wirklich sinnlich. Beim »seidenen Strudel« umkreisen Sie mit der Zunge den Penis, während Sie ihn in Ihren Mund herein- und hinausgleiten lassen, im und gegen den Uhrzeigersinn. Sie werden es zunächst etwas mühsam finden, beide Handlungen miteinander zu koordinieren, doch Übung wird zeigen, daß es die Anstrengung lohnt – um der Wirkung willen, die der »seidene Strudel« auf den Mann hat.

Der Staubsauger

Manche Männer haben den »Staubsauger« gern, besonders wenn sie noch keine volle Erektion erreicht haben. Hierbei benutzen Sie Ihren Mund wie einen winzigen Staubsauger, saugen den Penis bis zur Hälfte in Ihren Mund hinein; dann beginnen Sie langsam, indem Sie immer noch den Vakuum-Druck ausüben, den Penis aus Ihrem Mund herausgleiten zu lassen. Diese doppelte Zieh-Bewegung kann sehr aufregend sein.

Knabbern

Hin und wieder gibt es einen Mann, der es gerne hat, wenn Sie an seinem Penis knabbern oder kauen, aber seien Sie beim Ausprobieren überaus vorsichtig, da ein falscher Biß ihn für Wochen außer Gefecht setzen wird. Eine rauhe Behandlung könnte bei ihm auch zu einer leicht negativen Haltung Ihnen gegenüber als einer zukünftigen Bettpartnerin führen. Natürlich ist dies ein ausgezeichneter Weg, ihn für weitere Annäherungsversuche zu entmutigen, falls Sie ihn lossein möchten.

Das Schlagsahnen-Geringel

Wenn Sie eine süße Zunge haben, ist das etwas für Sie. Nehmen Sie frisch geschlagene Sahne, in die Sie eine

Prise Vanillezucker und ein paar Löffel Puderzucker rühren, und dieses Gemisch streichen Sie gleichmäßig auf den Penis, so daß der ganze Bereich mit einer dicken Schicht Schlagsahne bedeckt ist. Um die Sache abzurunden, streuen Sie etwas geriebene Kokosnuß oder Schokolade obendrauf. Dann schlecken Sie alles mit der Zunge auf. Er wird sich ringeln vor Vergnügen, und Sie haben den Genuß eines Extra-Nachtisches. Haben Sie Gewichtsprobleme, benutzen Sie eins von den vielen künstlichen Schlagsahneprodukten, die es heute zu kaufen gibt (in Büchsen und Plastikbehältern) und verzichten Sie auf Kokosnuß und die Schokolade.

Stellungen

Es gibt eine endlose Zahl guter Stellungen, in denen man den oral-genitalen Sex betreiben kann. Gershon Legman* behauptet in einem Buch über die oralen Techniken zur sexuellen Erregung, es gebe nicht weniger als 14 288 400 Stellungen für den Cunnilingus. Das sollte ein Durchschnittsehepaar eine Weile in Bewegung halten.

Die berühmteste Stellung nennt sich Neunundsechzig. Dabei knien Sie sich über Ihren Mann in einer von Angesicht-zu-Angesicht-Stellung, doch die »Sicht« verläuft in entgegengesetzten Richtungen (können Sie mir noch folgen?), so daß er Ihre Genitalien liebkosen kann, während Sie die seinen liebkosen. Unten zu liegen kann auch hübsch interessant sein.

* vgl. *Der Unanständige Witz,* Theorie und Praxis, Hoffmann und Campe, Hamburg 1970

Sie können versuchen, nebeneinander zu liegen; er kann ausgestreckt daliegen, während Sie zwischen seinen Beinen knien; Sie können auf dem Fußboden sitzen, wobei er sich so zurücklehnt, daß seine Genitalien auf der Ecke eines Bettes, eines Tisches oder eines Stuhls liegen; er kann stehen, während Sie von unten knabbern (etwas heikel für Sie, wenn Sie es in einem Schwimmbad tun, aber nicht unmöglich). Alle diese Stellungen sind sehr wirkungsvoll. Probieren Sie sie aus und machen Sie weiter, indem Sie ein paar neue finden.

Behalten Sie im Kopf (und in der Zunge), daß an einem Mann weit mehr dran ist als sein Penis. Während Sie sich in jenem Bereich betätigen, bewegen Sie sich mit Ihrer Zunge weiter hinunter zu seinen Hoden. Belecken Sie sie leicht, überall, und dann versuchen Sie etwas, das eine Anzahl Männer sehr aufregend finden. Nehmen Sie einen Hoden und schieben Sie ihn in Ihren Mund. Aber gehen Sie ganz, ganz zart damit um. Sie fügen ihm höllischen Schmerz zu, wenn Sie grob sind. Denken Sie bei einem Hoden an ein Ei, und lassen Sie äußerste Vorsicht walten, um nicht die Schale zu zerbrechen.

Nun liegt direkt hinter dem Hoden und vor dem Anus ein empfindlicher kleiner Fleck, der auch auf Zungenberührung reagiert. Achten Sie darauf, daß Sie ihn bei Ihren Mundwanderungen nicht übersehen. Das Schmetterlingsflattern geht gut hier.

Andere Stellen, an denen Männer das Belecken mögen, sind die Innenseite der Schenkel, der Bauchnabel, die Brustwarzen, der Nacken, die Ohren und nun ja, eigentlich *überall.*

Kneifen und knabbern

Männer mögen es auch, wenn Sie knabbern (zartes, liebevolles Beißen), und zwar an Stellen wie Ohrläppchen, Lippen, Brust, Gesäß und Zehen. Kneifen (schärferes Beißen) ist weniger beliebt, hat aber bestimmt seine Aficionados.

Solche Reize werden einen Mann in die Nähe des Orgasmus bringen. Dies ist als ein Kompliment an Ihre Liebeskunst zu werten, die Sie so glänzend auszuüben lernen. Lernen Sie, ihn bis zu diesem Erregungsgrad zu bringen, und verlangsamen Sie dann wieder das Tempo, und das mehrere Male. Wenn er dann schließlich kommt, sollte es ein intensiverer Orgasmus sein.

Wenn Ihr Mann nun den endgültigen Höhepunkt erreicht, könnte er sich dazu entschließen, ihn in Ihrem Mund zu erleben. Habe ich Sie jetzt wieder schockiert? Ja, auch das ist ein völlig normaler Geschlechtsakt. Männer scheinen dem viel mehr abzugewinnen als Frauen. Von den Frauen machte es, wie ich festgestellt habe (alle ziemlich ungehemmt den Aussagen Ihrer Männer nach), einem Drittel Spaß und zwei Dritteln nicht. Wenn es hierzu kommt, verlassen offenbar eine Menge so recht sinnlicher Frauen das Schiff oder würden es gern tun. Nein, Sie tun das nicht! Ein Sich-Herumdrücken gibt es für Sie nicht. Sagen Sie nicht: »Das ist nichts für mich!« Das wissen Sie noch nicht. Geben Sie sich - über eine ziemlich lange Zeit hinweg - Mühe, das Vergnügen bei diesem überaus sinnlichen Abenteuer herauszufinden.

Der Mund-Penis-Orgasmus gibt Ihnen die Gelegenheit, die Explosion, wenn er den Höhepunkt erreicht, *wirk-*

lich zu fühlen und mitzuempfinden (in der Vagina haben Sie einfach nicht diese Sensibilität), und das kann ein prickelndes Erlebnis für eine Frau sein. Falls Sie dazu ein Sondervergnügen haben möchten, erinnern Sie sich, es ist recht schwierig, auf diese Art und Weise schwanger zu werden.

Dies ist nicht der Zeitpunkt, die Hände in den Schoß zu legen

Oh, diese lieblichen Hände, die Sie haben! Wie aufregend sie sein können. Leider sind die meisten Frauen träge und phantasielos, wenn es darum geht, ihre Hände als sexuelle Werkzeuge zu benutzen. Sie werden nichts von dem neuen Lack Ihrer Nägel beschädigen oder irgendwelche Muskeln überanstrengen, wenn Sie ihn direkt wissen lassen, daß er so sexy ist, daß Sie nicht die Finger von ihm lassen können.

Lassen Sie während des Liebesakts Ihre Hände nie, nie untätig sein. Es gibt immer einen Bereich seines Körpers, den Sie mit Ihrer Berührung entflammen können. Wenn Sie auf dem Rücken liegen und er auf Ihnen, können Sie Ihre Finger über seinen Rücken gleiten lassen, hinauf und hinunter, über sein Gesäß, den Anus, an den Rumpfseiten entlang hinauf zu seinem Nacken, und dann über die Schulter hinunter an seiner Wirbelsäule entlang und dabei immer noch den eigentlichen Geschlechtsakt fortsetzen. Wenn Sie oben sind, können Sie seine Brust und Arme streicheln. Wenn Sie die Neunundsechzig-Stellung innehaben, können Sie über sein Gesäß und seine Beine streicheln.

Bei den Sinnlichkeitsübungen haben Sie große Mühen auf sich genommen, um Ihren Tastsinn und Ihre Geschicklichkeit zu schulen. Nun benutzen Sie die dabei erworbenen Kenntnisse, um ihn zu erregen, zu zähmen und ihn »intimer« kennenzulernen.

Sie können ihn wahnsinnig machen, wenn Sie geschickt mit seinen Genitalien umgehen.

Sie können ihm Erlösung verschaffen, wenn Sie ihm eine gute Massage angedeihen lassen.

Jeden Teil seines Körpers mit liebenden Händen zu erforschen wird Ihren Sinn für alles Intime schärfen. Halten Sie die ganze Verschiedenartigkeit der Haut fest, von der Rauheit seiner Beine bis zu dem wunderbar samtenen Gefühl seiner Penisspitze. Lernen Sie den komischen kleinen Knubbel auf seinem linken Schulterblatt kennen, fahren Sie mit den Fingern durch die Haare auf seiner Brust, fühlen Sie, wie sich die Muskeln in seinen Armen dehnen und zusammenziehen, die Robustheit seiner Füße und die Zartheit seiner Augenlider. Es gibt so viel bei ihm zu entdecken. Nach einer Weile sollten Sie fähig sein, Ihren Mann mit verbundenen Augen zu erkennen, indem Sie sich Ihrer »Tast-Erinnerung« bedienen.

Wenn Sie die ganze Zeit die Hände im Schoß haben ruhen lassen, erheben Sie sich von Ihren hübschen vier Buchstaben und beginnen mit der Schulung Ihrer Hände. Sie sind wichtige Liebeswerkzeuge, listig eingesetzt, sind sie ein einzigartiges Sex-Aushängeschild.

Analer Sex

Ich weiß, es scheint, als wollte ich nie damit aufhören, Ihnen von schockierenden Geschlechtsakten zu erzählen. Nun, fassen Sie Mut. Dies hier ist Ihrer Wahl freigestellt. Niemand wird Sie abartig nennen, und Sie sind nicht weniger eine Frau, wenn Sie nach einem Versuch nein zum analen Sex sagen. Es gibt einige gute Gründe, warum man sich diesem *nicht* widmen sollte. Es gibt auch ein paar gute Gründe, warum man es tun sollte.

Als ich zum erstenmal von analem Sex hörte, klang es für mich, als sei das etwas Schlimmes, Schmutziges und Krankhaftes. Der Gedanke, daß nette Menschen sich auf analen Geschlechtsverkehr einlassen könnten, war mir nie in den Sinn gekommen, wenn doch, hätte ich mir einen zorneswütigen Gott ausgemalt, der sich erhoben und die Pervertierten mit Lepra oder zuallermindest mit Hämorrhoiden bestraft hätte.

Aber nette Leute schlafen jeden Tag auf analem Weg miteinander, und nichts Schreckliches, nicht einmal Unangenehmes passiert mit Ihnen.

Bei einer vertieften Beziehung zu einem Mann kommt nach einiger Zeit fast immer der Gedanke auf, es mit der analen Liebkosung und Manipulation und dem rektalen Geschlechtsverkehr einmal zu versuchen. Die Suche des Mannes nach neuen sexuellen Erlebnissen läßt ihn gewöhnlich zum Initiator für analen Umgang werden.

Zuerst wird er sich wünschen, Sie im analen Bereich mit seinem Mund und seiner Zunge zu erforschen, und wird von Ihnen das gleiche erwarten. Erstarren Sie jetzt nicht zu einem Eisblock. Wenn Sie sich an dieser Stelle gewaschen haben, ist sie *nicht* schmutzig, und wenn Sie für einen Augenblick aufhören, wie ein Klageweib zu jammern oder die verführte Unschuld zu spielen, werden Sie den Anfang eines seltsamen, warmen und himmlisch verlangenden Gefühls bemerken und im geheimen hoffen, daß er zum nächsten Schritt im Anilingus übergehen wird: er besteht darin, daß ein gut eingekremter Finger in den Anus eindringt und eine Ein- und Aus-Bewegung vollführt und eventuell eine kreisende Bewegung. Wieder, dies ist ein auf Gegenseitigkeit beruhender Akt.

Für den rektalen Geschlechtsverkehr (Sie versuchen nicht, sich an diesem Punkt jetzt zu drücken, nicht wahr?) ist auf dem Bauch zu liegen für Sie die bequemste Stellung: die Hüften sollten mit Hilfe von einem oder zwei Kissen etwas angehoben werden. Ihr Partner wird seinen Penis und Ihren Anus reichlich mit Vaseline oder Nivea-Creme bestreichen und dann *langsam* und *sanft* ganz in Sie eindringen. Wenn er Sie nicht als das zerbrechliche Wesen behandelt, das Sie in diesem Bereich sind, machen Sie nicht nur den Mund auf - brüllen Sie. Die meisten Männer haben ein recht sensibles Gespür dafür, wie sie Ihnen Unbehagen bereiten können, wenn Sie in ihren Bewegungen zu abrupt sind, und sind überaus vorsichtig.

Nachdem er gänzlich in Sie eingedrungen ist, wird der Mann langsam mit einer Ein- und Aus-Bewegung beginnen und Ihren Anus wie Ihre Vagina behandeln.

Haben Sie erst einmal Ihren Schließmuskel sich schön entspannen lassen, werden Sie merken, daß Sie sich einiger ganz bemerkenswerter Empfindungen erfreuen, und wenn Sie Ihren Partner dazu ermutigen, daß er mit Ihrer Klitoris spielt, während er Sie anal beschläft, können Sie einen ganz schönen Orgasmus haben.

Er mag sich dafür entscheiden, in diesem Augenblick zum Höhepunkt zu kommen oder sich zurückzuziehen und den Liebesakt in der Vagina zu beenden. Jeder Weg macht Spaß. Die schlechten Merkmale des analen Geschlechtsverkehrs sind:

1. Ihre geistige Haltung. Wenn Sie in dem Denken erzogen worden sind, daß dieser Akt abwegig, schmutzig ist, wird es Ihnen zu Beginn schwerfallen, die Freuden des analen Geschlechtsverkehrs echt zu genießen.

2. Wenn Sie nicht beide sauber wie frisch gebadete Babies sind, kann es höchst widerlich sein. Wenn Sie den Verdacht haben, daß Ihr Bettgefährte sich einer Schrubborgie mit Seife und Wasser zuletzt zu Ehren seines Schulabschlusses befleißigt hat, können Sie immer vorschlagen, vor dem Liebesakt zusammen ein den Sex anregendes Schaum- oder Duschbad zu nehmen. Wenn er zu verstehen gibt, daß seine Säuberungsaktion einige zärtliche Liebkosungen an seinen intimen Stellen mit einschließt, sollten Sie keine Mühe haben, ihn regelmäßig zu Seife und Wasser zu führen.

3. Wenn er, nachdem er sich von Ihrem Anus zurückgezogen hat, es versäumt, seinen Penis zu waschen, bevor er in Ihre Vagina eindringt, können Sie Vaginitis bekommen.

4. Einige Frauen, denen es nicht gelingt, angespannte Muskeln wirklich zu lockern, finden, daß der Analbereich nach solchem Geschlechtsverkehr überaus empfindlich und sogar wund ist. Vermehrte Erfahrung und Begeisterung sollten dieses Problem mildern.

Die guten Merkmale des analen Geschlechtsverkehrs sind:

1. Er sorgt für Abwechslung beim Geschlechtsverkehr,

2. Sie können nicht schwanger werden; falls Sie also vergessen haben, Ihre Pille zu nehmen, oder Sie überrascht worden sind, ohne sonstige Vorsorge getragen zur haben, sind Sie nicht auf den oralen Geschlechtsverkehr beschränkt.

3. Falls Sie eine besonders starke Periode und das Gefühl haben, der Verkehr in der Vagina würde zu unappetitlich, ist dies eine wirkungsvolle sexuelle Alternative.

4. Dies hier ist wirklich wichtig: Der anale Geschlechtsverkehr eröffnet Ihnen einen ganz neuen Bereich genüßlicher Empfindungen, die Sie sehr schätzen und dazu benutzen werden, Ihre persönliche sexuelle Befriedigung zu vergrößern. Was ist also schlecht daran?

Was ihn in Fahrt bringt und Sie für krank halten

Wenn er gern zu Peitschen und Ketten Zuflucht nimmt oder möchte, daß Sie auf ihn urinieren oder etwas in der Art, dann stimme ich Ihnen zu: er ist wohl krank - und er sollte Sie lieber in Ruhe lassen und sich eine sympathisierende Verrückte suchen oder noch besser sich einem Arzt anvertrauen.

Oder wenn es unter Ausschluß aller anderen Praktiken des Geschlechtsverkehrs nur die der Fellatio, des Cunnilingus und des Analverkehrs gelten läßt, glaube ich, daß das auch krank ist. Und anödend.

Aber wenn er Sie beschwatzt, gelegentlich in Strümpfen und Schuhen mit ihm zu schlafen, oder alle paar Wochen gern Honig von Ihrer Vagina ableckt, einen stärkeren Orgasmus bekommt, wenn Sie ihm obszöne Wörter ins Ohr flüstern, Sex bei flammendem Lichterglanz vorzieht oder jede nur menschenmögliche Stellung mit Ihnen ausprobieren will, kann er nicht mit krank oder sogar abartig etikettiert werden.

Außer Sie haben eine äußerst heftige Aversion gegen seine Lieblingspraktiken beim Sex, machen Sie gute Miene zum bösen Spiel - und es ihm zum Vergnügen. Dafür wird er wahrscheinlich sehr großzügig sein und Ihre sexuellen Sonderwünsche erfüllen.

Das Erstaunliche an vom gewöhnlichen Weg abweichenden sexuellen Praktiken ist: wenn Sie erst einmal zum festen Bestandteil in Ihrem Liebesleben geworden sind, werden Sie feststellen, wie empfänglich Sie dafür sind. Vertrautheit geht nicht notwendigerweise mit geringerem Interesse und Vernachlässigung Hand in Hand. Manchmal ruft sie Freude und Zufriedenheit auf beiden Seiten hervor.

Aber nehmen wir an, er hat eine ganze Weile seine sexuellen Lieblingseinfälle an Ihnen versucht, und Sie haben wirklich das Empfinden, Sie können es nicht ertragen. Dann sagen Sie es ihm offen, und kommen Sie selbst mit ein paar neuen reizvollen Liebesideen, damit Sie beide gleichermaßen Ihre Freude daran haben, und bitten Sie ihn, sich ein paar abenteuerliche Alternativpraktiken einfallen zu lassen, mit denen Sie beide Ihre Experimente aufstellen können. Gute Chancen bestehen - wenn Sie sich ehrlich bemühen und als Frau und gute Bettpartnerin nicht gerade kneifen -, daß Sie schnell glücklichen Ersatz finden und es mit Ihrem Geschlechtsleben wieder steil bergauf geht.

Für uns ist es nicht ungewöhnlich, gegenüber neuen und andersartigen sexuellen Praktiken mißtrauisch zu sein oder sich sogar vor ihnen zu fürchten. Aber es ist falsch, uns durch unsere bebenden Ängste die Freude an sexueller Vielfalt nehmen zu lassen, und es ist auch falsch, unsere Partner spleeniger, doch harmloser sexueller Einfälle zu berauben, an denen sie ihren Spaß haben.

Bevor Sie also Ihren Liebhaber mit »krank« etikettieren, überlegen Sie sich die Möglichkeit, daß er Sie als »engstirnig und prüde« bezeichnen könnte.

12

Aphrodisiaka

Ich habe den Fehler gemacht, über sogenannte Aphrodisiaka oder Liebestränke nachzulesen, nachdem ich gerade ein herzhaftes Mittagessen zu mir genommen hatte. Uff. Die Getränke, die leichtgläubige Menschen in sich hineingegossen haben, um ihre sexuelle Kraft zu stärken, werden selbst den stärksten Magen umdrehen. Wie würde etwa eine schmackhafte Mahlzeit aus zermanschten Alligatoren und Eidechsen Ihr Inneres aufwühlen? Oder vielleicht würden Sie ein Gebräu aus toten Bienen vorziehen, die man mit einer Flüssigkeit in einem Glas durcheinandergeschüttelt und dieses dann verschlossen hat, damit sich das Ganze im Laufe einiger Monate auflöse - dann noch einmal gut schütteln, und runter damit. Oder würde Sie ein Gericht aus gepuderten Rebhuhngehirnen reizen? Wenn ich solche Mixturen trinken müßte, würde ich mich lieber in ein Krankenbett verkriechen statt in ein Liebesbett. Fast alle Welt müßte mir darin zustimmen, denn diese alten Gebräue erfreuen sich keiner Beliebtheit mehr.

Nicht alle Aphrodisiaka, die Männer und Frauen Jahrhunderte lang genommen haben, waren abstoßend. Einige wie Spezialcremes und Öle brauchten sie keineswegs zu essen, sie rieben einfach das entsprechende Organ damit ein. Diese Mittel regten nicht die sexuelle Kraft an, aber sie verschafften ihnen eine gute Haut.

Andere Aphrodisiaka waren geradezu köstlich im Geschmack - wie Austern, Artischocken, Kaviar, Honig, Schokolade, Eier, Avokados, Spargel, rohes Beefsteak, Pilze, Trüffel und Hummer.

Köstliche Nahrung, ja. Aphrodisiaka, nein. Diese Legenden über die magischen Eigenschaften bestimmter Nahrungsmittel sind ein rechter Humbug – tut mir leid, es sagen zu müssen; und wenn ich schon dabei bin, Sie zu desillusionieren, kann ich ebensogut noch ein paar weitere Sparten aus der Liste der Nicht-Aphrodisiaka hinzufügen wie Wurzeln, Gemüse und Vitamine.

Es gibt eine überraschende Anzahl von Leuten, die wirklich glauben, daß die Ginseng-Wurzel (unmittelbar oder regelmäßig), Sellerie, Harze, Myrten und Kletten Sie »sexier« machen. Ich befürchte, sollte das wirklich einmal zutreffen, so ist das eine rein psychologische Reaktion, da keine dieser Wurzeln und Gräser die Kraft hat, Sie körperlich anzuregen.

Nun über Vitamine und Sex.

Die große Vitamin-Kontroverse wütet weiter. Während man mit Tieren Untersuchungen angestellt hat, die zeigen, daß Vitamin E den Stieren hilft, bessere Zuchtbullen zu werden, gibt es keinen Beweis, daß der Bulle es mehr genießt, und die Möglichkeit, ob Vitamin E Menschen helfen kann, eine größere sexuelle Erregung zu erreichen, ist noch nicht untersucht worden. Zögern Sie nicht, und machen Sie einmal einen Versuch. Schaden wird Ihnen das Vitamin bestimmt nicht, und kommt irgend etwas dabei heraus, lassen Sie es mich bitte wissen.

Vor ein paar Jahren, als ein Zeitungsartikel Vitamin E als Stimulierungsmittel anpries, begannen die Menschen sich scharenweise damit vollzustopfen. Von den Leuten, die ich selbst kenne - mich eingeschlossen - und die sich der Vitamin-E-Raserei anschlossen, berichtete niemand von einer verstärkten Sexualität.

Ich habe einen Ernährungsfachmann und verschiedene Ärzte über das Gerücht befragt, die Paraaminobenzoesäure (*Paba* genannt) sei ein Aphrodisiakum. Die Ärzte taten es alle mit Geringschätzung ab, wenn sie auch zugaben, daß sie das wenig bekannte Vitamin B nicht versucht hatten. Der Ernährungsfachmann wollte nicht sagen, ob er *Paba* als ein Aphrodisiakum benutzt habe oder nicht. Er hielt es jedoch durchaus für *möglich,* daß *Paba,* wenn es auch nicht bei Frauen wirkt, - richtig dosiert - bei Männern einen aphrodisiakischen Effekt erzielen könne. Aber bevor Ihr Interesse zu sehr wächst, bedenken Sie, daß in Laboratorien keine Tests gemacht worden sind, die dafür sprechen oder das Gegenteil beweisen, und einige Ernährungsfachleute sind der Meinung, daß *Paba*, in großen Mengen genommen, einen Mangel an anderen B-Vitaminen hervorrufen könne.

Vitamin C soll das sexuelle Vermögen der Kaninchen erhöhen, aber auch hier wieder gibt es keinen Beweis, daß das Vitamin C mehr ist als ein notwendiger Motor für die gute Gesundheit des Menschen.

Ich bin ganz schön entmutigend, nicht?

Noch etwas weiter so. Granatäpfel, Ambra, Mohnsamen und Muskatnuß werden Ihren Geschlechtstrieb nicht antreiben, und ich nehme an, daß inzwischen jeder weiß, daß die »Spanische Fliege« *kein* Aphrodisiakum ist, sondern eine schreckliche Droge, die in der Frau qualvolle Empfindungen auslösen und sogar tödlich sein kann.

Es gibt nur ein Aphrodisiakum auf Erden, und das ist die Liebe.

Kein chemisches Laboratorium wird je in der Lage sein, diese wunderbare Wirkung zu kopieren, die sein Aussehen, seine Stimme und seine Liebkosungen auf Ihren Körper haben.

So kümmern Sie sich deshalb nicht darum, wenn Wissenschaftler oder Hexenmeister mit Wundermischungen ankommen, die Ihre Drüsen entflammen sollen, und konzentrieren Sie sich darauf, Ihren Körper das natürliche Reagieren zu lehren. Haben Sie sich selbst erst einmal zu einer sinnenfreudigen Frau trainiert, brauchen Sie keine künstlichen Stimulantien mehr.

Wir haben jedoch von den zahllosen Experimenten der Aphrodisiaka-Jäger ein paar Dinge gelernt, die Sie sich merken sollten. Zum Beispiel kann Alkohol, in kleinen Mengen genossen, ein wirksames Entspannungsmittel für einen Mann sein, der angestrengt ist und im Geiste noch einmal einen harten Arbeitstag durchlebt. Und die kluge Frau weiß jetzt, daß sie einem Mann ein Abendessen mit hohem Proteingehalt und wenig Kohlehydrate vorzusetzen hat, falls sie von ihm an seinem Abend eine gute sexuelle Darbietung erwartet. Stopft sie ihn um sieben Uhr mit Makkaroni, Brot, Kartoffeln, fetten Saucen und Kuchen voll, wird er bis neun Uhr schnarchend vor dem Fernseher sitzen und vielleicht bis zehn Uhr einem Herzinfarkt erlegen sein.

Die meisten der sogenannten Aphrodisiaka in der Nahrungsmittel-Sparte - wie Austern, Spargel, Pilze und Hummer - enthalten viel Kraft und wenig Kalorien. Wenn Sie ihm zum Abendessen damit den Schlund füllen, wird er sich nicht in einen Sexualprotz verwandeln, aber nach einer Portion Austern wird er immer noch Platz und Appetit auf Sie haben.

Eine anderer wirksamer Liebesköder für den müden, schwerfälligen Mann ist Schlaf. Wenn er nach der Arbeit hereintaumelt, bringen Sie ihn dazu, ein heißes Bad zu nehmen, behandeln Sie ihn mit einer sanften Massage und lassen Sie ihn dann eine halbe Stunde lang schlafen. Wenn er aufwacht, wird er bereit sein, höchst unziemlich mit Ihnen umzugehen.

Aber die beste Art, Ihr Geschlechtsleben auf einem aphrodisiakischen Niveau zu halten, ist, einen Mann zu finden, der des Liebens wert ist und der genauso bei Ihnen empfindet. Dann seien Sie vorsichtig und arbeiten Sie hart, um die Liebe zu vertiefen, die Sie füreinander empfinden.

Werden Sie also eine sinnliche Frau, und Sie werden nie in die Lage kommen, verzweifelt eine Dosis zermanschter Eidechsen oder aufgelöster Bienen hinunterwürgen zu müssen, um sich »sexy« zu fühlen. Er wird fähig sein, Ihnen ein solches Gefühl zu geben, einfach, indem er Sie berührt.

13

Sex - wo man ihn finden kann

Viele Männer, die umherstrolchen, tun es, um Ihre Abenteuerlust zu befriedigen. Um diese Männer dazu zu bringen, daß sie zu Ihnen nach Hause kommen, müssen Sie dafür sorgen, daß Ihre Liebeskunst eine Vielfalt von Techniken umfaßt (wenn ich in diesem Punkt ein bißchen eine Nervensäge werde, dann nur, weil es so wichtig ist), und Sie *müssen* hin und wieder eine kühne Note in Ihre sexuelle Beziehung bringen.

Was meine ich mit »kühn«? Vom gewöhnlichen Weg abweichen oder zumindest andere Tatorte wählen - wie auf der Perserbrücke im Wohnzimmer oder unter dem Eßzimmertisch (nein, ich habe meine Sinne noch alle beisammen), in der Badewanne, auf einem einsamen Strand, in den Wäldern. Es gibt Hunderte von ungewöhnlichen Stätten.

Wenn Sie meinen, es gibt nur einen Platz, den Beischlaf auszuführen - das Bett -, dann ist es Zeit, Ihren Horizont zu erweitern. Ich schlage damit nicht vor, daß Sie für immer die Bequemlichkeit Ihres Schlafzimmers aufgeben. Nur daß Sie Ihre Liebesstätten zu unerwarteten Zeiten variieren. Ungewohnte Umgebung erregt die meisten Männer. Und Sie haben alles zu gewinnen und nichts zu verlieren, wenn Sie genügend Phantasie besitzen, um den Schatten drohender Langeweile von Ihren Liebesbeziehungen fernzuhalten.

Ich folge meinem eigenen Rat. Ich habe in einem Rollstuhl geliebt (so lala), in einem viersitzigen Flugzeug zwei Kilometer hoch oben in der Luft (ein erhebendes und leicht schwindelndes Gefühl), mitten auf einem Couchtisch aus Marmor (sexy), bei Mondschein auf der Rasenfläche beim zwölften Loch eines Golfplatzes (sehr romantisch, und das besondere Gras eines solch feinen Rasens fühlte sich unter meiner bloßen Haut wunderbar an!), unter einem Bett (das werde ich nie wieder tun), auf einer verlassenen Bühne (regte mich zu einem hohen Darstellungsniveau an), in einem Schwimmbad (ganz gut, aber nicht umwerfend, ist ja heute nichts Besonderes mehr) und an anderen Plätzen, die einem bestimmt nicht als erste in den Sinn kommen.

Habe ich wegen meines sexuellen Ungestüms seine Achtung verloren? Kaum. Er behandelt mich wie ein seltenes und kostbares Juwel, und er geht mit dem stolzen Bewußtsein umher, bei mir sei er der phantasievollste Liebhaber der Welt.

Ich bin nun beileibe keine Exhibitionistin oder ein

Schlangenmensch, und ich mag riesige, weiche Betten zum Lieben. Aber der Mann, den ich liebe, sehnt sich hin und wieder nach dem Unerwarteten und Unbekannten, und es wäre ja noch schöner, wenn ich aus Mangel an Energie und Phantasie ihn dazu ermutigte, jenes neue Erlebnis mit einem aufregenden jungen Ding im Büro zu suchen. Er ist ein phantastischer Mann und es wert, daß man sich gelegentlich vom Kronleuchter herabschwingt.

Erinnern Sie sich an Grace, die hinreißende Frau, von der ich Ihnen in Kapitel eins erzählt habe und die den umherstromernden Mann hatte: Sie gewann alle seine Aufmerksamkeit zurück, als sie ihn an einem Sonntagnachmittag dazu verlockte, mit ihr auf einem Billardtisch zu schlafen (zum Glück ein recht widerstandsfähiges Modell). Dies erwies sich als so erfolgreich, daß sie ihn ein paar Nächte später in ihren dunklen Hinterhof führte, wo die Möglichkeit der Entdeckung Bill wieder in einen flitterwöchelnden Liebhaber verwandelte. Grace variiert ihre Überraschungen. Manchmal trägt sie eine aufreizende Gewandung, manchmal erwählt sie einen ungewöhnlichen Platz oder eine ungewöhnliche Tageszeit, um Bill ihre Wünsche nahezulegen. Im letzten Monat zum Beispiel hat Grace für Bill zum Mittagessen ein köstliches Picknick vorbereitet und es in sein Büro gebracht. Sie haben die Tür abgeschlossen, die Vorhänge zugezogen, und zwischen Happen von Kaviar und würzigem Käse knabberten sie aneinander.

Die neue Grace hat Bill in Ekstase versetzt, und sie hat mir gestanden, daß - kam sie selbst erst einmal in

Stimmung - sich auch ihrer eine unglaubliche Erregung bemächtigte. Ihre größte Überraschung war psychologischer Art: Sie stellte fest, daß sie sich auf dem Billardtisch nicht ein Gramm weniger wie eine Dame fühlte, als wenn sie mit den Kindern Tischtennis spielte. Grace hatte immer als selbstverständlich vorausgesetzt, daß Frauen, die es sich gestatteten, erotisch zu werden, nicht »sympathisch« seien. Jetzt weiß sie: als sie sich an die abgegriffenen alten Klischees weiblichen Denkens hielt, betrog sie sich nur selbst.

Doch möchte ich noch einmal betonen, Grace ist nicht ständig dabei, solche Manöver für sexuelle Abwechslung zu erfinden. Nur wenn sie spürt, Bills Begehren benötigt ein Stimulans, oder wenn ihr etwas Verrücktes einfällt - wozu sie Lust hat, es bei ihm zu erproben. Überflüssig, darauf hinzuweisen, daß Grace keine Leidensmiene aufsetzt, sondern voll Eifer mitmacht, wenn Bill einen ungewöhnlichen Ort für den Liebesakt vorschlägt.

Mehr Männer, als Sie glauben, blühen auf, sobald etwas Gefahr mit im Spiel ist. Die drohende Möglichkeit der Entdeckung bringt ihr Blut in Wallung. Ein bekannter Playboy hat mir gestanden, sein erregendstes Erlebnis habe er gehabt, als er es mit der Frau eines Bankiers trieb, während der Bankier im Nebenbett schlief.

Männer suchen sich erstaunliche Plätze für sexuelle Abenteuer aus. Einige der vertrauenswürdigen Herren, die ich interviewt habe, bekannten, daß sie dem Geschlechtsverkehr - sind Sie auf das Folgende gefaßt? - am Grab des unbekannten Soldaten gefrönt haben, in der New Yorker Philharmonie während der Woche ihrer Eröffnung, in der Kuppel des Kapitols der Vereinigten Staaten, in einer Boac während des Flugs von London nach New York (Erste Klasse, versteht sich) und im Privataufzug des Präsidenten einer größeren Fernsehanstalt.

Einige weniger verläßliche Männer *sagten*, sie hätten es in einem viel besuchten Museum getrieben, in der Damentoilette des Harvard Club, dem Chorgestühl einer Kirche (darüber habe ich verschiedene Versionen gehört), unter den billigen Sitzplätzen eines Fußballstadions, in einem Ballon (tatsächlich kannte er wirklich einen Ballonflieger, so hat er vielleicht die Wahrheit erzählt), in einem Musikpavillon an einem regnerischen Tag und dem (verhängten) Schaufenster eines Kaufhauses bei Nacht, das gerade dekoriert wurde.

Die verblüffendste Geschichte, die ich gehört habe, kam aus einer einwandfreien Quelle. Während des Zweiten Weltkrieges war Captain Robert ..., siebenundzwanzig Jahre alt, offenbar Kampfpilot beim 57. Geschwader, das auf dem Grosette-Flughafen in der italienischen Po-Ebene stationiert war. Eines Tages nahm er in seinem winzigen Flugzeug seine attraktive Krankenschwester mit in die Luft, und sie segelten in einer Höhe von 2100 Metern dahin, während die Deutschen einen Hagel von 4 cm und 8,8 cm Flakgeschossen auf sie losließen. Und was taten Captain Robert und die Krankenschwester, während ihr Flugzeug durchlöchert wurde? Ganz recht. Sie liebten sich. So tapfer wäre ich nie gewesen - oder so schwachsinnig. Ich habe Angst, auf einer Achterbahn umherzusausen, aber noch weniger würde ich in einem Flugzeug aufsteigen, das mit absoluter Sicherheit die Aufmerksamkeit eines Haufens schießwütiger Feinde auf sich zieht.

Aber das männliche Tier scheint bei solchen Verrücktheiten prächtig zu gedeihen.

Das aufregendste Sex-Abenteuer, das *mir* über die Maßen gefallen hat und das ich - ich muß es gestehen - noch nicht ausprobiert habe, ist in Ruth Dicksons Buch »Verheiratete Männer sind die besten Liebhaber« beschrieben. Miß Dickson schlägt den Liebesakt in einer Badewanne voll Gelatine vor. Ich frage mich, wie viele Päckchen man wohl dazu braucht. Was wäre die ansprechendste Farbe und der verlockendste Duft? Wenn die Gelatine fest wird, werden Sie auf und ab hüpfen, und wenn, wie hoch? Und was passiert mit dem Abfluß, wenn Sie die geschmolzene Gelatine ablaufen lassen?

Wenn Sie um sich schauen und Ihre Phantasie nicht daran hindern, sich zu entfalten, werden Sie eine Anzahl verschiedenartiger und ja sogar *romantischer* Plätze zum Lieben finden. Wie wäre es mit dem Kleefeld in der Nähe Ihrer Berghütte? Oder das Floß am See, zu später Stunde an einem heißen Sommerabend, wenn niemand in der Nähe ist? Oder das Gästezimmer? Die Ledercouch in seinem Reich? Auf einem Segelboot? Vor einem knisternden Feuer?

Es gibt so viele ansprechende Plätze, die eines Versuchs wert sind und Ihnen den Anschein eines geheimnisvollen Ortes bieten - weil sie Ihnen als *Liebesstätten* unbekannt sind.

Machen Sie einen Versuch mit zweien oder dreien. Ich glaube, Sie werden überrascht sein, welch besonderen Glanz Ihre Liebesfreuden zusätzlich gewinnen werden, wenn Sie die Routine durchbrechen.

Denken Sie an die drei wichtigen Waffen, die Sie mit Geschick einzusetzen lernen sollten, wenn Sie sich die Liebe des Mannes, den Sie lieben, bewahren wollen:

1. Phantasie.

2. Einfühlsamkeit für seine Stimmungen und Wünsche.

3. Der Mut, mit neuen sexuellen Techniken, reizvollen Situationen und Plätzen zu experimentieren.

Wenn Sie sich einen liebenden, aufregenden Mann wünschen, können Sie es sich nicht leisten, sich im Haus mit einer Haltung wie »Ich bin richtig, geradeso, wie ich bin, ich brauche mich nicht zu bemühen, um ihm zu gefallen« genüßlich zu rekeln. Wenn er ein erstklassiger Mann ist, wird eine andere Frau ihn Ihnen wegstehlen, und wir wissen beide, wie gräßlich das Ergebnis ist: Sie können keine tatenfreudige sinnliche Frau werden ohne einen Mann!

14

Worüber man im Bett reden und wann man lachen soll

Frauen sind bei ihren Bettgesprächen romantischer als Männer. Wenn es je einen Zeitpunkt gibt, da ein Mann *weniger* geneigt ist, in das Ohr der Wonne seines Herzens süße Nichtigkeiten zu flüstern, dann, während er mitten dabei ist, zu lieben.

Vor oder nach dem Liebesakt werden die Sonette nur so aus ihm heraussprudeln, und er wird sie in wortreiche Bouquets einhüllen, aber nicht während. Doch möchten Frauen besonders während des Liebesaktes detaillierte und blumenreiche »Ich liebe dichs« hören.

Wenn sie miteinander ins Bett steigen, gibt es unzweifelhaft eine Kommunikationslücke zwischen den Geschlechtern, und von der Frau wird erwartet, daß sie diese Kluft überbrückt.

Wie? Indem sie die Sex-Sprache lernt. Der Liebesakt ist etwas Physisches, und die Sprache, die ihn so anschaulich beschreibt, ist es nicht minder.

Ficken, Vögeln, Pimmellutschen, Möse, Pint und Schwanz sind, im rechten Zusammenhang, keine schlimmen Wörter. Auf eine Wand gekritzelt, sind es schmutzige Wörter, aber wenn Liebende sie im Schlafzimmer benutzen, um Teile des Körpers und des körperlichen Tuns zu beschreiben, ist das ein einwandfreier Brauch, und sie steigern offenkundig die sexuelle Aktivität. Dem Durchschnittsmann ein »Ich liebe dich« zuzuflüstern hat auch nicht im entferntesten eine solch erregende Wirkung auf ihn wie »Dein Pint macht mich so geil, daß ich es kaum aushalten kann«.

Wenn sich Ihnen jedesmal das Fell sträubt, sobald Ihr Partner ein »unziemliches« Wort beim Liebesakt gebraucht, sollten Sie anfangen, Ihre zimperliche Haltung über Bord zu werfen. Er ist nicht vulgär, genausowenig werden Sie es sein, wenn Sie im Bett seine Sprache sprechen. Haben Sie erst einmal ein paar von den »verbotenen« Sexwörtern benutzt, werden Sie merken, wie korrekt sie sind - und wie sexy.

Unziemliche Wörter sind nicht alles, was Sie im Bett murmeln sollen. Das männliche Ego ist sehr zerbrechlich, und vor, während und nach dem Beischlaf ist der beste Zeitpunkt, um dieses Ego mit Komplimenten zu stärken. Wenn Sie's bis ins Schlafzimmer mit ihm gebracht haben, muß er schon *einige* Attribute haben, die Sie rühmen können. Seine muskulöse Brust vielleicht oder seine magnetischen Augen oder erregenden Hinterbacken. Versuchen Sie ein Gefühl der Bewunderung für das Besondere seines Körpers zu entwickeln. Adonis? Nein. Gary Grant? Nein. Aber dennoch in seiner Originalität von einer einzigartigen Schönheit. Gießen Sie Ihre Entdeckungen in Worte.

Aber lügen Sie nicht. Wenn er einen kleinen Penis hat, und Sie erzählen ihm, er habe den größten auf Gottes weiter Erde, wird er Ihnen nicht glauben. Statt dessen erwähnen Sie, daß Sie ihn so gern streicheln und er sich in Ihnen so gut anfühlt (vorausgesetzt, er tut es). Sie haben die Wahrheit gesagt und ihm eine riesige Freude gemacht.

Preisen Sie seine sexuelle Kraft. Selbst große Liebhaber brauchen immer wieder die Bestätigung ihrer Talente, und Ihr Partner ist nicht immun dagegen, wenn man ihm erzählt, wie großartig er ist. Ihre Bewunderung wird ihn wahrscheinlich sogar zu noch größeren sexuellen Höhen antreiben, und daran ist bestimmt nichts falsch!

Nehmen Sie Ihren Sinn für Humor mit ins Bett. Richard Burton hat in einem Zeitungsinterview vor kurzem etwas gesagt, mit dem ich völlig übereinstimme: *Wenn man im Bett nicht miteinander lachen kann, wird man wohl sowieso nicht wirklich zusammenkommen. Ich würde lieber ein Mädchen richtig schön lachen hören, als daß es sich abmühte, mich mit langen, stillen, seelenvollen, geheimen Blicken in Gang zu bringen. Wenn man mit einer Frau lachen kann, kommt alles andere schon von selbst ins Lot.*

Das Schlafzimmer ist auch ein guter Ort für Sie beide, an dem Sie ungehemmt über Sorgen und Träume miteinander reden können. Die besondere intime und gelöste Atmosphäre nach dem Beischlaf bietet einen idealen Zeitpunkt, da Sie ihn dazu verleiten können, sich wortreich Ihnen gegenüber zu öffnen.

15

Die Phantasiebilder der Männer

Hu! War das eine harte Zeit, die Männer so weit zu kriegen, daß sie sich darüber ausließen. Aus freiem Willen und sogar - in manchen Fällen - voller Eifer vertrauten sie mir ihre intimsten sexuellen Erlebnisse an, aber sobald ich zum Thema der sexuellen Phantasievorstellungen übergehen wollte, klappten die Männer wie eine Auster zu. Ein Gutteil leugnete, so etwas überhaupt zu haben, und sogar jene, die zugaben, daß sie hin und wieder ein oder zwei Phantasiebildern nachgaben, litten plötzlich unter Gedächtnisschwund, wenn sie gebeten wurden, ihre Vorstellung zu erzählen.

Wenn Sie also eine vollständige Studie darüber haben wollen, was Männer sich ausdenken, um sich sexuell bei Tagträumen, beim Onanieren oder Beischlaf anzuregen, müssen Sie die professionelle Literatur zu Rate ziehen. Die einzigen männlichen Phantasievorstellungen, die ich aus acht zögernden Freiwilligen herauspressen konnte, waren folgende:

Phantasiebild Nummer eins

Sie werden dieses überhaupt nicht mögen. Wenn er mit Ihnen schläft, stellt er sich vor, Sie seien Brigitte Bardot, eine junge Rita Hayworth, Audrey Hepburn, Ava Gardner, Hildegard Knef, Ihre Nachbarin oder wer sonst ihm offensichtlich ein »großes Gefühl« gibt.

Phantasiebild Nummer zwei

Eine aufregende unbekannte Frau ist an die Wand gekettet. Er beginnt, erotische Dinge mit ihr anzustellen, während sie sich in ohnmächtigem Widerstand windet. Langsam, dank seiner überragenden Technik (schließlich spielt sich das in seiner Phantasie ab, und natürlich wäre er ein bemerkenswerter Liebhaber), beginnt sie auf ihn einzugehen und wird dann wahnsinnig vor Leidenschaft. Langsam kettet er sie los, und sie wirft sich auf ihn und beschläft *ihn.*

Phantasiebild Nummer drei

Dieses hier ist so alltäglich wie Löwenzahn. Mindestens zwei, manchmal drei, vier, fünf oder sogar sechs Frauen unterschiedlicher Hautfarbe und Gestalt lieben den »Phantasierer« alle auf einmal. Manchmal ereignet sich dies bei einer Orgie. Andere Male sind sie allein.

Phantasiebild Nummer vier

Er liegt da, zu hilflos, um Widerstand zu leisten, während die bezaubernde Vision weiblichen Geschlechts sich mit Gewalt auf ihn legt und ihn schließlich völlig besitzt.

Phantasiebild Nummer fünf

Erinnern Sie sich an den berühmten alten Satz: »Ich nehme an, Sie fragen sich, warum ich sie alle heute hierher gebeten habe?« Nicht alle sexuellen Phantasiebilder schließen den Geschlechtsakt mit ein. Ein Mann hat mir erzählt, er stelle sich gern eine schöne Party in eleganten Räumen und sich selbst als den Gastgeber vor, der sich in aller Stille an der Tatsache ergötzt, daß er zu irgendeiner Zeit mit jeder Frau in dem Zimmer geschlafen habe. Natürlich ist es eine große Party.

Phantasiebild Nummer sechs

Der »Phantasierer« betritt ein Gebäude mit vielen Zimmern. In jedem Zimmer ist eine Frau, jede in ihrer äußeren Erscheinung und vom Alter und den sexuellen Neigungen her ganz einmalig, und er geht von Zimmer zu Zimmer, um jede Frau auf eine andere Art zu befriedigen.

Ich weiß, ich habe gesagt, daß ich acht Männer zum Reden bewegt habe, und ich habe Ihnen nur von sechs Bildern erzählt, aber drei von ihnen haben das Phantasiebild Nummer drei beschrieben. Die acht Männer hatten keine einhellige Meinung zu der Frage, ob sie sich wünschten, daß ihre Vorstellungen Wirklichkeit würden. Fünf Männer sprachen sich für eine echte Live-Inszenierung ihrer Träume aus, drei meinten, das würde ihnen den Spaß daran verderben - der ganze Witz an einer Phantasievorstellung sei, daß es eine Phantasievorstellung *ist*.

Wenn Sie Ihren Mann dazu zwingen können, Ihnen seine geheimen sexuellen Bilder zu enthüllen - bravo! Es ist nicht nur ungemein interessant, es wird Ihnen auch helfen, herauszufinden, was in sexueller Hinsicht in seinem Kopf vorgeht. Wenn er zu den Männern gehört, die gern ihre Phantasievorstellung in die Tat umsetzen möchten, und Sie es für eine lustige Idee halten, die Ihnen Spaß machen würde, überlegen Sie sich nur, was für ein Fest Sie Ihrem Mann vielleicht bereiten können. Wenn Sie sich im übrigen immer danach gesehnt haben, einem eigenen Wunschbild zu Leben zu verhelfen, kann er sich kaum weigern, mitzuspielen - wenn Sie sich ihm gegenüber von einer solch entzückenden Seite gezeigt haben.

16

Party-Sex - Partnertausch und Orgien und warum es manchmal besser ist, sich die Trauben selbst mitzubringen

Eine komische Sache hat sich während der letzten Jahre in Amerika breitgemacht. Kanasta, Mah-Jongg, Poker, Bali, Bridge und Bingo erhalten ernsthafte Konkurrenz durch das neueste Nationalspiel des Landes - die Orgie.

Tatsächlich gehen ehrenwerte Ehepaare zu Parties, wo sie sich aller Kleider entledigen und mit so vielen anderen Gästen, wie es ihre Widerstandskraft erlaubt, dem Geschlechtsverkehr nachgehen - und das in voller Sichtweite eines jeden.

Es ist nicht genau das, was den Eheberatern vorschwebte, als sie vorschlugen, daß ein Ehepaar einmal in der Woche einem gemeinsamen Hobby nachgehen sollte, an dem sie beide Spaß haben und das einen Tapetenwechsel mit sich bringt, doch glühende Orgiasten schwören darauf, daß Sex-Parties einer der Hauptschlüssel für eine glückliche Ehe sind.

Orgien vervollständigen diese Leistung, indem sie müden und gelangweilten Sexpartnern ermöglichen, sich unter fest umrissenen Umständen (Gäste und Örtlichkeit werden sorgfältig vor Neugierigen abgeschirmt) und ganz offen aufzumuntern. Da Ihr Auserwählter dabei ist, können Sie kaum der Untreue bezichtigt werden.

Statt umherzuschleichen und im verborgenen eine Affäre zu haben, was wegen emotionaler Verwicklungen die Ehe gefährden kann, befürworten die Orgiasten die Orgie, da ihr unpersönliches Klima von vornherein ausschließt, daß jemand mit einer im Grunde glücklichen Ehe sich in einen anderen Orgiasten verliebt. Die Leute, die zu Sex-Parties gehen, tun das nicht aus romantischen Hungergefühlen, sondern weil ihr Geschlechtstrieb neu belebt werden muß.

Neue Geschlechtspartner vermitteln diesen Leuten die sinnlichen Reize und die Befriedigung, die sie sich erträumen. Ehemänner wie Ehefrauen sagen, Orgien wirkten sich heilsam auf den Alltagssex aus, da die Erregung, die sich dabei einstellt, für einige Tage oder Wochen danach auf das regelmäßige Liebesleben überspringt.

Obgleich es - bedient man sich der obenerwähnten Argumente - den Anschein hat, daß nur verheiratete Paare an Orgien interessiert sind, besuchen viele Einzelpersonen die rauschenden Feste. Da Einzelpersonen mehr Gelegenheiten und mehr Freiheit haben, sich so viele Sex-Partner zu wählen, wie sie wollen, und mit ihnen in jeder Nacht der Woche schlafen, wann es ihnen beliebt, ist es verständlich, daß bei Orgien Verheiratete gewöhnlich Einzelpersonen an Zahl übertreffen. Doch steht die Orgien-Welt allen Interessierten offen. Der Ehestand ist in den meisten Fällen unwichtig.

Sie mögen schon gemerkt haben, daß ich mich nicht in Hymnen darüber ergehe, wie wundervoll ich diese Orgien finde, und Sie auch nicht dränge, gleich loszustürmen und sich hinein ins muntere Treiben zu stürzen. Das tue ich nicht, da ich glaube, daß solches »Treiben« ein bedeutendes psychologisches Problem für viele Frauen darstellt. Wenn Sie Ihren Körper allen jenen zugänglich machen, die danach greifen möchten, laufen Sie Gefahr, sich selbst nicht mehr genügend hoch zu schätzen und zu achten, eine Haltung, die Sie in eine Lage der Defensive gegenüber dem entgegengesetzten Geschlecht versetzt. Wenn Sie schon lange verheiratet sind, kann ich einsehen, daß die Teilnahme an einer Orgie ein- oder zweimal im Jahr von gewissem Nutzen sein mag, aber sie zu einem festen Bestandteil Ihres Lebens zu erheben, beeinträchtigt meiner Meinung nach Ihre Beziehung zu Ihrem Mann. Der Geschlechtsverkehr mit ihm kann kaum mehr so persönlich und wichtig sein, wenn Sie in der Woche das Bett mit vier oder fünf anderen Leuten geteilt haben. Denken Sie sorgfältig darüber nach, bevor Sie sich einer solchen lebenslustigen Gruppe anschließen.

Natürlich können Sie, wenn Sie allein sind, mit einem hektischen Sexleben herumjonglieren, ohne je einem Mann von dem anderen Kenntnis zu geben. Ein gelegentlicher oder sogar regelmäßiger Einfall in die Orgien-Welt kann Ihr Geheimnis bleiben ...

Wenn Sie zum erstenmal eine Orgie besuchen, haben mir einige Eingeweihte folgende Richtlinien anvertraut, die Ihnen zu einer erträglichen Anfangserfahrung verhelfen werden:

1. Bringen Sie Ihre eigenen Trauben mit - was in diesem Fall bedeutet, einen Mann, den Sie gut kennen und mit dem Sie eine gute sexuelle Beziehung verbindet. Ihm muß der Schauplatz der Orgie schon ziemlich vertraut sein, damit er sie taktvoll vor Männern schützen kann, deren Annäherungen Sie lieber meiden würden. Ihre Eskorte würde einem weiteren Zweck dienen; mögen Sie nämlich *keinen* von den Männern an dem Schauplatz, haben Sie sich einen guten Sex-Partner mitgebracht.

2. Tragen Sie kein empfindliches Kleid, da es oft nicht genug Bügel und Schränke zum Aufhängen gibt, und das mit Perlstickerei versehene Chiffonkleid von Ihnen muß wahrscheinlich mit zwei oder drei Sachen von anderen Leuten über den Stuhl drapiert werden.

3. Wenn Sie Ihre Tage haben, bleiben Sie zu Hause.

4. Seien Sie darauf vorbereitet, daß man von Ihnen erwartet, nackt herumzulaufen.

5. Und begreifen Sie auch, daß Sie kein Eckchen für sich haben werden. Jedweder kann bei der Party auf Sie lostorkeln, während gerade die große Paarung bei Ihnen stattfindet, und jeder mag sich sogar dafür entscheiden, sich Ihnen und Ihrem Partner anzuschließen.

6. Manchmal gibt es Lesbierinnen bei Orgien, die Ih-

nen Anträge machen könnten. Wenn Sie das rechtzeitig bemerken, sollten Sie in der Lage sein, die Situation, falls sie eintritt, mit Anmut zu bewältigen.

7. Rechnen Sie damit, daß Sie zu Anfang nervös sein werden. Es könnte klug sein, Ihre Begleitung zu bitten, an dem Abend Ihr erster Liebhaber zu sein. Da er Ihnen vertraut ist, hätten Sie keine Angst. Haben Sie erst das Eis mit ihm gebrochen, dann werden Sie sich mit Ihren unbekannten Liebhabern gelöster fühlen.

8. Wenn Sie nicht in Hollywood leben, erwarten Sie nicht, daß die Männer wie strahlende Filmhelden aussehen. Die meisten männlichen Anwesenden sind ihrer Erscheinung und Persönlichkeit nach reiner Durchschnitt.

9. Weil Sie Ihren Körper geben, erwarten Sie nicht, daß Sie wie eine Prinzessin oder Hure behandelt werden. Keines von beiden. Bei Orgien ist die Gleichheit der Geschlechter eine Realität.

10. Wenn Sie so dumm sind und von Ihrem »Fehltritt« schwanger werden, wird Ihnen niemand mit seinen Finanzen oder sonstwie zu Hilfe eilen. Besonders, da jeder der einzelnen Männer der Vater sein könnte. Sorgen Sie für angemessene Maßnahmen zur Schwangerschaftsverhütung.

11. Oh. Ein letzter Tip. Wenn sich herausstellt, daß Sie Orgien *lieben*, lassen Sie sich das Vergnügen daran nicht durch Schuldgefühle verderben. Als Erwachsene haben Sie alles Recht, sich das Sex-Leben zu suchen, das Sie beglückt, und Sie stehen ganz allein dafür ein. Wenn die Orgien-Szenerie Ihr Fall ist, dann lassen Sie's gut

sein und genießen Sie's. Versuchen Sie nur nicht, mit rechtschaffener Lauterkeit Ihrer alternden Mutter in Buxtehude Ihre neue Philosophie und Ihr Tun auf sexuellem Gebiet zu erklären. Lassen Sie sie in Frieden auf der Veranda in ihrem Schaukelstuhl wippen.

17

Wo man Männer treffen kann

Es gibt solche Frauen, die inmitten eines einsamen Waldes ein Taschentuch fallen lassen können, und plötzlich sind drei Männer zur Stelle, um es aufzuheben.

Ich, Gott sei's geklagt, bin nie ein Männermagnet gewesen und mußte mich selbst immer dorthin begeben, wo die Männer sind, um mein Taschentuch wiederzubebekommen. Aber das ist den Ausflug zweifellos wert.

Wenn Sie nicht gerade am Nordpol oder mitten in der Sahara leben, ist es leicht genug, Hunderte von Exemplaren des entgegengesetzten Geschlechts zu finden - gehen Sie nur auf die Straße hinaus oder zu einem Fußballspiel. Sie werden über so viele Männer stolpern, daß Katharina die Große und Sie ihr Leben lang damit auskämen.

Aber wollen wir das Ganze einmal von der praktischen Seite betrachten. Es genügt nicht, sich auf ein mit Männern bevölkertes Gelände zu begeben. Sie müssen auch in der Lage sein, schnell die für Sie unmöglichen Gestalten auszusortieren und die Gesellschaft jener Männer zu suchen, die Sie mit aller Wahrscheinlichkeit interessieren.

Die *hundertprozentig Unmöglichen* sind leicht herauszufinden: Jungens unter zehn, die offenkundig Homosexuellen (sind sie's versteckt, ist es etwas anderes - dann ist es schwieriger) und der Altersschwache sind gute Beispiele für völlige Zeitvergeudung.

Die *fast Unmöglichen* könnten den Untertitel erhalten: »Lassen Sie die Finger davon, außer Sie können eine beträchtliche Portion Schmerz vertragen«, denn diese kommen mit einem Karren voller Unannehmlichkeiten an. Diese Männer umfassen Alkoholiker, Kriminelle, Verrückte, besessene Spieler, Sadisten, Masochisten, Rauschgifthändler und -süchtige, Zuhälter, Don Juans, die ewig Bettlägerigen, religiöse Fanatiker und arbeitsscheue Männer.

Die schalten wir aus, nicht wahr?

Zu der nächsten Gruppe gehören Männer, die Sie auf keinen Fall und unter keinen Umständen leiden können. Sie mögen vielleicht *irgend jemandes* Herzchen sein, aber nicht die Ihren. Sie wiegen vielleicht dreihundertachtzig Pfund, stinken und spucken auf den Fußboden oder nehmen jede Chance wahr, Sie zu befummeln, und kratzen sich in aller Öffentlichkeit an ihren Geschlechtsteilen, sind schleimig, schmierig, bösartig oder unerträglich roh, dümmlich, schmutzig oder verschlagen, und Sie wissen augenblicklich, Sie können sie nicht ertragen, und keine noch so glänzende Belichtung würde bei Ihnen einen Sinneswandel bewirken.

Nachdem Sie diese reizende Gruppe abgetan haben, sind Sie nun bereit, Ihre Aufmerksamkeit auf *die Möglichen* und *die Wahrscheinlichen* zu konzentrieren.

Das Potential eines *Möglichen* schnell erfassen zu können erfordert einige Erfahrungen - viele Verabredungen und Liebeserlebnisse mit verschiedenen Typen von Männern, so daß Ihr Radargerät die Signale aufnehmen kann, die Sie befähigen werden, mit Windeseile diejenigen einzuschätzen, die nicht Ihr Typ sind.

Wenn zum Beispiel Ihre Zähne beim bloßen Wort »eiskalt« zu klappern beginnen, ganz abgesehen von der tatsächlichen Gegebenheit eines zugigen Zimmers, und Sie bei einer Party an einem Januartag einen reizenden Mann treffen, der behauptet, er trage nie einen Mantel, lassen Sie sich das als ein Warnzeichen dienen, denn er schläft wahrscheinlich in einem ungeheizten Zimmer bei offenen Fenstern, selbst wenn es draußen zehn Grad unter Null sind. Sie holen sich innerhalb einer Woche, nachdem Sie sich zu einem gemeinsamen Haushalt mit ihm entschlossen haben, eine Lungenentzündung - das heißt, wenn Sie sich erst einmal von einer unangenehmen Kopfgrippe erholt haben. Seien Sie jedoch nett und geben Sie ihn an Ihre Freundin weiter, die eine solche Wintersportnärrin ist.

Eine der schönsten Liebesaffären meines Lebens löste sich schließlich unter dem Druck unserer gänzlich verschiedengehenden inneren Uhren auf. Ich bin eine Nachteule. Je später es wird, um so lebendiger werde ich. Sobald die Morgenröte sich in mein Zimmer einzuschleichen beginnt, erstarre ich zu Blei. Der Morgen ist für mich eine Qual. Ich kann nicht denken, ich kann mich nicht bewegen, ich kann nicht reden, mein Kopf schmerzt, und beim Anblick oder Geruch von Essen dreht sich mir der Magen um.

Leider war es bei ihm gerade umgekehrt. Ungefähr gegen zehn Uhr abends, ganz gleich wie sprühend ich war, begann er abzuschlaffen. Aber ging es auf fünf oder sechs Uhr am Morgen, bearbeitete er mich mit einem ständigen Redefluß über die Weltsituation, was wir an dem Tag tun würden, was ich über dieses und was ich über jenes dächte - so lange, bis ich wach war. Dann pflegte er freudig aus dem Bett zu springen und wartete begierig darauf, daß ich das aus sechs Gängen bestehende Frühstück bereitete - zu Beginn der frisch ausgepreßte Orangensaft, Viereinhalb-Minuten-Eier und so weiter.

Der einzige Weg, jene Frühstücksorgien zu bereiten und am Morgen mit ihm zu reden, war für mich, die ganze Nacht aufzubleiben. Drei Monate praktisch ohne Schlaf, und ich brach zusammen. Er - voll Sorge und liebevoller Rücksichtnahme - bestand darauf, daß er in aller Stille allein aufstehen und sich das Frühstück selbst zubereiten würde. Das klappte auch nicht. Er kann nicht kochen, und er war unglücklich und fühlte sich verlassen, konnte er doch nicht mit jemandem teilen, was für ihn der beste Teil des Tages war. Wir brachen unsere Liebesaffäre ab.

Seit dieser Erfahrung habe ich gelernt, nie wieder mein Herz einem frühmorgendlichen Feuergeist zu schenken, und es kostet mich praktisch keine Zeit, einen solchen auf Anhieb herauszufinden.

Das bedeutet, daß Sie einiges hergeben müssen, was Ihnen lieb und teuer ist. Vor vier Jahren, nach nur einer Verabredung, habe ich einen sympathischen, attraktiven, intelligenten und wohlhabenden Witwer mit drei Kindern an eine Nachbarin von mir weitergereicht. Während des Abendessens hatte er mir erzählt, daß er und die Kinder im Winter jeden Morgen vor dem Frühstück eine Stunde Ski liefen. Im Sommer gingen sie bei eisiger Morgendämmerung zur körperlichen Ertüchtigung einen Kilometer schwimmen. Wonach er suchte, war eine Frau, die die Schönheit dieses Rituals mit ihm teilen könnte. Selbst wenn ich fähig gewesen wäre, mit dem Zeitproblem zurechtzukommen, hätte ich bei dem athletischen Test versagt. Ich schaffe es kaum, ohne zu ertrinken, ein Kinderschwimmbecken zu durchqueren. Ich hatte keine weiteren Fragen mehr. Ich kam als Dame für jenen Herrn nicht in Betracht.

Es gibt viele *Möglichkeiten,* die Sie schnell verwerfen lernen können, und damit ersparen Sie sich beiden viel Zeit. Wenn Sie sich nur für Mozart und Beethoven begeistern und er eine Rock'n'Roll-Gruppe leitet, sind Sie beide wahrscheinlich als langfristige Liebhaber zum Scheitern verurteilt. Es ist mir gleichgültig, ob er hypnotische Augen hat und Sex ausstrahlt, bewahren Sie sich ihre Gefühlsenergien für jemanden Hoffnungsvolleres.

Wenn Sie eine feinschmeckerische Köchin sind und er unbedingt eine halbe Flasche Tomatenketchup auf alles, was er ißt, schütten will, werden in Ihnen, sobald Sie einander am Eßtisch gegenübersitzen, allmählich Haßgefühle gegen ihn aufsteigen. Schicken Sie ihn weiter zu Ihrer Freundin, die alles, einschließlich der Tomaten, in Ketchup kocht.

Es gibt einige *Mögliche*, die nett sind, eine interessante Arbeit und Geld auf der Bank haben, eine vernünftige Einstellung zu Kindern und dem Eheleben zeigen, attraktiv aussehen - alles haben, was wirklich für sie spricht -, aber ganz gleich, wie sehr Sie sie als *Menschen* gern haben, als Liebhaber lassen sie Sie kalt. Meine persönliche Meinung ist, wenn Sie dem Mann eine echte Chance geben und sich zwischen ihnen keine Schwingungen ergeben, sollten Sie ihn an Ihre Schwester weiterreichen und/oder ihn in einen Freund verwandeln. Im Gegensatz zu dem, was in vielen Handbüchern über die Ehe angedeutet wird, glaube ich nicht, daß Sie jene Schwingungen fabrizieren können, die dem Leben zwischen den beiden Geschlechtern ihren Sinn geben. Man kann sie weit ausschlagen lassen, aber man kann sie nicht eigens erschaffen.

Wenn Sie mit Erfolg alle die *Möglichen* ausschalten, die unmöglich für *Sie* sind, bleibt Ihnen immer noch eine genügend große Gruppe von *Möglichen* plus der Tiffany-Gruppe von *Wahrscheinlichen.*

Ich glaube an ein zweispuriges Verfahren, um diese übrigbleibenden Männer zu erreichen - allgemein und systematisch. Die allgemeine Taktik besteht darin, daß Sie zu jeder Party gehen, zu der Sie eingeladen sind, jedem politischen Treffen, jedem Ereignis, das innerhalb ihrer Gemeinde stattfindet, jedem Konzert oder was auch immer einen »Möglichen« anziehen könnte. Das schließt die Geschworenen-Tätigkeit mit ein. Da jeder dazu verpflichtet werden kann, könnte *er* dabeisein.

Bringen Sie Ihre Freunde nicht vom »Verkuppeln« ab. Selbst wenn sie Sie die letzten drei Male mit Männern zusammengebracht haben, die die verzweifeltste alte Jungfer aus Ihrer Gegend in die Flucht schlagen würden, könnte der nächste aus dem Zauberkästchen einfach ein Prinz sein.

So ist es mir ergangen. Meine Freunde Ted und Marge, entschlossen, mich zu verheiraten, hatten drei Schreckensgestalten mit nach Hause geschleppt, damit ich sie in Augenschein nähme. Der erste war ein Buchhalter, der nicht trank, nicht rauchte, nicht ins Kino ging, keine Bücher las und ein Haus voll gezähmter Schlangen hielt. Mich schüttelt's immer noch etwas, wenn ich an ihn denke. Nummer zwei war ein Gebrauchtwagenhändler, der mich »Mädelchen« nannte und mir jedesmal in den Po kniff, wenn er sich unbeobachtet glaubte, und Nummer drei war ein Schriftsteller (ein ziemlich guter Schriftsteller übrigens), der mindestens zehn Jahre lang seine Zähne nicht geputzt hatte.

Nummer vier, in dessen Nähe ich hingezerrt werden mußte, wobei ich den ganzen Weg um mich trat und brüllte, sah aus wie John Kennedy, hatte das Empfindungsvermögen eines Dichters, die sinnliche Ausstrahlung von Richard Burton und außerdem viel Sinn für

Humor. Er war die Zeit wert, die ich mit den Schrekkensgestalten verloren hatte.

Verzichten Sie nie ganz auf die allgemeine Annäherungstaktik, selbst wenn Sie mit der systematischen Erfolg haben, denn das Schicksal ist eigen, und wahrscheinlich läßt es Ihren »Wahrscheinlichen« am unwahrscheinlichsten Platz, den Sie sich vorstellen können, niederplumpsen.

Die systematische Taktik ist folgende: Setzen Sie sich hin und fassen Sie einen genauen Entschluß, welcher Typ Mann Sie anzieht und *gut* für Sie ist, und dann machen Sie sich an die Arbeit und spüren ihn methodisch auf.

Lassen Sie mich Ihnen ein Beispiel geben. Barbara hatte einen mit viel Glanz verbundenen Job als Sekretärin eines der führenden Theaterproduzenten Amerikas und Zugang zu einigen der sagenumwobensten Männer im Showgeschäft (schließlich durchquerten alle ihr Büro, und viele baten sie, mit ihnen auszugehen). Klingt vortrefflich? Nicht für Barbara. Sie erkannte eines Tages, daß dieser beziehungsreiche Superjob ein Engpaß für sie war, denn die Art Männer, die ihr Blut in Wallung brachten, waren nicht die strahlenden, von Emotionen beherrschten Persönlichkeiten, die man gewöhnlich im Showgeschäft antrifft. Statt dessen schmolz sie dahin bei ruhigen, soliden, introvertierten Ingenieur-Typen,

Als Barbara diese Erkenntnis überkam, besorgte sie sich eine Liste aller Ingenieurfirmen in New York. Eine Vielzahl von ihnen befand sich in einem riesigen Ingenieur-Gebäude im Osten New Yorks; so sandte sie Bewerbungschreiben an die Personalabteilungen der drei größeren Gesellschaften in jenem Gebäude, und kurz darauf übernahm sie einen Job in einer dieser Firmen (derjenigen, die sich am schnellsten ausdehnte und die meisten jungen Männer beschäftigte). Bevor sie es selbst begriff, steckte Barbara bis über die Ohren zwischen lauter Ingenieuren. Sie konnte sie nicht vermeiden. Sie waren in jedem Büro, in den Gängen, den Aufzügen, den Imbißstuben, überall, wohin sie auch ging.

Das ist die systematische Annäherungstaktik.

Lassen Sie mich Ihnen ein anderes Beispiel geben. Als Vera von ihrem Verlagsvertreter-Ehemann Ralph geschieden wurde, schwor sie, sie werde nie wieder in einen Nachtklub gehen. (Er lebte praktisch in Nachtklubs und unterhielt die Kunden.) Sie wünschte sich einen rauhbeinigen, zu frischer Luft und Natur hingezogenen Mann, jemanden, der etwas Kräftigeres heben konnte als einen doppelten Martini.

Da sie erkannte, daß Chicago dafür nicht der ideale Jagdgrund war, zogen sie und die Kinder nach Oregon (ihr Cousin hatte da außerhalb von Eugene eine Farm) und fanden *ihn,* fast sofort. Er besaß eine der Farmen, die an die ihres Cousins grenzten.

Vera hatte sogleich den richtigen Treffer gemacht. Sie hatte ungewöhnlich viel Glück. Aber sie hat gesagt, wenn in Eugene nicht viel zu holen gewesen wäre und sie den Mann, den sie sich erträumte, nicht hätte finden können, wäre sie keineswegs entmutigt gewesen - sie hätte einfach eine andere Gegend des Landes versucht.

Etwa Wyoming oder Missouri. Denn sie wußte, irgendwo da draußen war er, und es war nur eine Frage der Zeit (und des richtigen Gebrauchs ihres Köpfchens), bis sie ihn finden würde.

Lorettas Herz hing an einem Rechtsanwalt. Sie hatte nicht die Geschicklichkeit oder Fähigkeit, eine dem Recht verschriebene Sekretärin zu werden, und so schloß sie sich dem Klub der Republikanischen Partei ihrer Gemeinde an (eine Menge Rechtsanwälte sind für Politik sehr aufgeschlossen) und meldete sich für Freiwilligen-Arbeit. Von den Rechtsanwälten, mit denen sie zusammenkam, entsprach keiner ihrer Vorstellung, und flugs wechselte Loretta - denn sie fühlte sich nicht parteigebunden - zu dem Klub der Demokraten über. Dort begann sie sich mit einem *Möglichen* zu verabreden.

Als sie mit ihm nicht klar kam, wandte sie sich an die Konservativen und fand einen Typ, der sich ganz mit dem Bild ihrer Träume deckte. Ihr einziges Problem ist jetzt, da sie verheiratet sind, daß er zuviel von seiner Mußezeit mit politischer Betätigung verbringt. Aber das hätte sie vorher bedenken sollen.

Meine Freundin Karen ist verrückt nach Ärzten, also arbeitet sie als freiwillige Helferin in einem Krankenhaus. Sie ist noch nicht *dem* Arzt begegnet, und wenn sie schließlich ihre freiwilligen Dienste jedem Krankenhaus der Stadt anbieten muß, sie wird ihn schon aufspüren.

Ich selbst habe eine Schwäche für Männer aus dem Nachrichtenwesen, so habe ich Freunde und Jobs beim Fernsehen, Rundfunk und in Verlagen gefunden. Den ganzen Tag war ich von Männern umgeben, zu denen ich mich hingezogen fühlte, die mich anregten und die ich abends bei Essenseinladungen und Cocktailparties traf, die Freunde von mir - ebenfalls aus jenen Bereichen - veranstalteten.

Wenn es mich zum Akademikertyp hinzöge, würde ich mich nicht mit lauter Elektrikern umgeben. Wenn ich mir einen Ozeanographen ersehnte, würde ich nicht in Kansas nach ihm Ausschau halten.

Recht so?

Stellen Sie sich vor, was Ihr Traummann wohl tun würde, und kommen Sie seiner Welt so nahe wie möglich.

Bis hierhin habe ich in erster Linie alleinstehende Frauen, Witwen und geschiedene Frauen beraten. Wenn Sie verheiratet sind und es auch bleiben wollen, sich aber dennoch nach einem Liebhaber sehnen, haben Sie nicht ganz die gleiche Beweglichkeit wie die alleinstehende Frau. Besonders wenn Ihr Mann Ihnen nicht erlaubt, zu arbeiten. Haben Sie Kinder im Vorschulalter und begrenzte Geldmittel für einen Babysitter, ist es sogar noch härter. Aber nicht unmöglich. Sie haben immer noch Zugang zu einer Anzahl von Männern, die für Sie nie als Ehemänner in Frage kämen, die aber in einer Liebhaberrolle mehr als angemessen wären. Die Tatsache, daß ein Mann ständig sein Bankkonto überzieht und unfähig ist, einen Dollar festzuhalten, oder knickerig darüber wacht, daß seine Frau an kein Konto herankommt, das alles bedeutet nicht, er könnte nicht ein unbestechlich guter Teilzeit-Bettpartner für Sie werden.

Ich selbst dränge Sie nicht, sich auf eine Beziehung der Treulosigkeit einzulassen. Da ich eine romantische Person bin, hoffe ich, daß Sie und Ihr Mann sich im Bett so sehr ergötzen, daß Ihnen für einen anderen Mann keine sexuelle Energie mehr bleibt. Aber nicht alle Leute sind miteinander verheiratet, weil sie einander mögen. Ich werde nicht den moralischen Finger erheben und über Sie zu Gericht sitzen, wenn Sie meinen, Ihre persönlichen Umstände würden durch einen Liebhaber verbessert werden. Dieser Abschnitt wird Ihnen sagen, *wie* und nicht *ob* Sie betrügen sollten.

Wer sind Ihre voraussichtlichen Liebhaber? Es sind Männer in Ihrer Umgebung, die beruflich soviel Bewegungsfreiheit haben, daß sie Sie zu seltsamen Zeiten bei Tag oder Nacht treffen können.

Wo sind diese Männer? Überall um Sie herum. Werfen Sie noch einmal einen Blick auf den Klavierlehrer Ihrer Kinder. Oder den Klavierstimmer. Viele von ihnen sind schwungvolle Exmusiker. Wie wäre es mit Ihrem Golflehrer oder jenem muskulösen Herrn, der Ihnen Tennisstunden gibt? Zeitungsreporter haben unregelmäßige Arbeitszeiten und oft erotische Naturen. Photographen gehen immer in Häusern ein und aus, ohne mit Fragen belästigt zu werden. Greifen Sie sich Ihr Telefonbuch, machen Sie sich eine Liste von Photographen und gehen Sie »Porträts« einkaufen. Besuchen Sie die Abendkurse einer Volkshochschule. Belegen Sie einen Kurs in »Die Kunst des Schreibens« oder in Holzschnitzen oder welch auch immer anregenden Betätigungen. Vielleicht finden Sie einen Gleichgesinnten, der nichts dagegen hat, ein paar Unterrichtsstunden mit Ihnen zu schwänzen.

Wenn Sie einen großen, allen Blicken zugänglichen Rasen hinter dem Haus haben, lassen Sie sich von einem ansprechenden Gartenarchitekten beraten. Vielleicht verschafft er Ihnen umsonst eine Hecke, um seine Liebesaffäre mit Ihnen vor den spähenden Augen der Nachbarn zu verbergen.

Wenn Sie in akademisch gebildeter Nachbarschaft wohnen, angeln Sie sich einen Professor. Gelehrtentypen können sich immer ein paar Stunden hintereinander wegstehlen, wenn sie Sie attraktiv finden. Nehmen Sie sich allerdings vor eifersüchtigen Studentinnen in acht - sie könnten anonyme Briefe an Ihren Gatten schreiben. Das ist schon vorgekommen.

Einige der Männer, mit denen Sie in Berührung kommen, sind komplette Nieten. Versicherungsleute wollen nur Versicherungsverträge verkaufen. Zeugen Jehovas nehmen's meist zu genau, Tanzlehrer mögen ziemlich oft andere Männer, nicht Frauen. Dekorateure und Maler scheinen von keinem größeren Drang besessen zu sein, als in Ihrem Haus eine Riesenschweinerei zu veranstalten. Vergessen Sie die Geschäftsführer von Supermärkten und Schuhverkäufer. Gegen Ende des Tages *hassen* sie Frauen.

Obwohl sie zu Hausbesuchen bereit sind, haben Ärzte es gewöhnlich satt, von Patientinnen verführt zu werden. Aber wenn Sie in der Stadt wohnen, könnten Sie sich vielleicht Ihren bevorzugten Spezialisten angeln. Stadt-Ärzte haben mehr unerlaubte Affären als Ärzte in den Vorstädten oder auf dem Land, weil ein Vorstadt-Arzt verdächtig wird, sobald er seinen leicht erkennbaren Wagen zu oft vor dasselbe Haus stellt, obwohl doch jeder im Block weiß, daß die Bewohnerin des Hauses nie einen kranken Tag in ihrem Leben gehabt hat. Auch während der Sprechstunden macht jedes Techtelmechtel den Arzt kribbelig, da er fürchtet, daß könne ihm einen Prozeß eintragen. Sie werden Ihren Doktor aus seiner Praxis herauslocken müssen, wenn Sie eine *vollständige* Körpererkundung haben wollen.

Es gibt alle möglichen Handwerker, Lieferanten und Botenjungen. Ich würde Ihnen besonders empfehlen, die Finger von dem Jungen im Lebensmittelgeschäft zu lassen. Er ist fast immer ein Schwätzer und wäre nicht fähig, dem Drang zu widerstehen, das, was er *Ihnen* liefert, prahlend zu verbreiten. Die Möglichkeit liegt nahe, daß er sich seiner Heldentaten nicht nur inmitten seiner jugendlichen Banden, sondern auch bei Ihrem ärgsten Feind rühmen wird.

Vielleicht sind *Sie* dem von Tür zu Tür wandelnden Zeitschriften-Vertreter wohlgesonnen. Ich bin immer davon überzeugt, daß solche Leute mir nur einen verlockenden Preis für die *Brigitte* anbieten, um mich einzulullen, damit ich ihnen die Tür öffne und sie sich nur auf mich zu stürzen brauchen, um mir die Kehle durchzuschneiden und die Diamanten und die Granatbrosche meiner Urgroßmutter zu stehlen.

Ich bestelle entweder meine Zeitschriften direkt, oder ich gehe zu dem netten Zeitungsstand in der Nähe, wo der Eigentümer hundertundacht Jahre alt ist und Arthritis in beiden Beinen hat. Ich könnte *ihn* mit dem Stapel der Sonntagszeitung, der sich nach einem Jahr bei mir angesammelt hat, übertreffen.

Ich habe auch Angst, fremde Männer von der Straße aufzulesen. Bei meinem Glück würde ich einen Unhold oder einen Polizisten im Straßenanzug bekommen.

Die *beste* Möglichkeit, aussichtsreichen Liebhabern zu begegnen, bietet sich einer verheirateten Frau durch den Ehemann. Er arbeitet den ganzen Tag mit Männern, von denen Sie wahrscheinlich einige hinreißend finden. Wenn Sie ganz fest entschlossen sind, kein Gewissen zu haben, ermutigen Sie Ihren Mann, Sie einem Geschäftskollegen vorzustellen. Oder geben Sie eine Party. Sein Börsenmakler, sein Rechtsanwalt, jene wichtige Person in der Marktforschung, mit der er einmal in der Woche mittags zum Essen geht, können während der großen Cocktail-Party, die Sie im nächsten Monat geben werden - falls Ihr Mann dazu gebracht werden kann, sie einzuladen - leicht in Augenschein genommen werden. Aber kein Geplärr anstimmen, wenn Ihr Mann sich auf die Jagd nach der Frau seines Börsenmaklers begibt! Erinnern Sie sich an die bösen, bösen Absichten in *Ihrem* reizenden Köpfchen.

Alle Frauen - verheiratet, alleinstehend, verwitwet oder geschieden - haben zu irgendeinem Zeitpunkt in ihrem Leben Mühe, Männer nach ihrem Geschmack zu finden. Selbst die strahlendsten Frauen geraten manchmal in eine Periode der Dürre. Wenn es Ihnen passiert, werden Sie nicht deprimiert. Probieren Sie eine neue Frisur aus, kaufen Sie sich im Ausverkauf ein extravagantes, sehr weibliches Kleid, gehen Sie zur Diät über, dekorieren Sie Ihr Schlafzimmer neu, seien Sie schöpferisch tätig in typisch weiblichen Bereichen, so daß Sie bei Laune bleiben, und sorgen Sie in dieser Sauregurken-Zeit dafür, daß Sie Ihre Aktivität bei der Männer-Jagd verdoppeln, indem Sie beide Taktiken benutzen - die allgemeine und die systematische. Es wird nicht lange dauern, bis Sie wieder auf echtes Gold stoßen.

18

Orgasmus - der Ihre, nicht der seine

Hin und wieder wird jede sinnliche Frau es für notwendig erachten, aus ihrer freudespendenden Büchse eine ihrer Spitzenfähigkeiten herauszuziehen - die Sarah Bernhardt.

Sie schauspielert.

Schon kann ich Sie aufheulen hören, *warum,* wenn es Ihnen so leichtfällt, sexuell zu reagieren, sollten Sie da so tun müssen als ob?

Wie kann ich es wagen, nachdem ich siebzehn Kapitel darauf verwandt habe, Ihnen zu sagen, Sie sollen sexy und echt sein, Ihnen nun zu sagen, Sie sollen betrügen! Ich wage es, weil ich praktisch bin.

Ganz gleich, wie sinnlich Sie sind, es wird Tage geben, da Sie keine Lust zum Lieben haben. Vielleicht haben Sie einen Schnupfen oder sind schrecklich müde, überarbeitet oder angespannt, oder Sie haben irgendwie, ganz gleich, wie Sie es drehen und wenden, Mühe, Ihren Körper ganz zum Leben zu erwecken. Das passiert allen Frauen, selbst Ihnen. Aber das geschlechtliche Begehren der Männer fällt nicht immer mit den Höheflügen der Frauen zusammen. Sehr oft sind Männer während des Tiefpunktes einer Frau überaus stürmisch.

Es gibt Zeiten, da Sie ganz ruhigen Gewissens sagen können: »Ich liebe dich, aber ich kann nicht jetzt sofort mit dir schlafen.« Keine Frau jedoch, der etwas Sensibilität eigen ist, würde sich weigern, mit einem Mann zu schlafen, an dem ihr liegt, nur weil sie »keine Lust dazu« hat. Sie sinnen wie verrückt auf all die Kniffe, die Ihre ganzen sexuellen Empfindungen aufrühren, konzentrieren sich darauf, die Reaktionen Ihres Körpers bis zum höchstmöglichen Punkt zu steigern. Wenn Sie dann wirklich keinen Orgasmus erreichen, täuschen Sie eben diesen Orgasmus vor, um zu vermeiden, daß er ernüchtert ist und damit sein Grad der Erregung und der sexuellen Spannung beeinträchtigt wird.

Wenn Sie es gut machen, wird er nicht dahinter kommen. Erstaunlich, ich weiß, aber wahr.

Ich bin noch nie einer Frau begegnet, die nicht gelegentlich so getan hätte als ob.

Und wenn Sie Bernhardtsche Fähigkeiten in sich spüren und ein paar Extra-Windungen und dabei ein oder zwei kläffende Laute mit ins Spiel bringen wollen, um ihm in seiner Leidenschaft gleichwertig zu sein, dann lassen Sie sich bloß nicht abhalten. Aber passen Sie auf, daß Sie nicht zuviel des Guten und es nicht einem Schmierenschauspieler gleichtun. Sonst wird er wirklich argwöhnen, Sie schauspielern, und er wird sich desillusioniert und unzulänglich fühlen, was natürlich das Gegenteil der Reaktion ist, die Sie liebevoll hervorzurufen versuchen.

Frauen haben seit Beginn aller Zeiten geflunkert. Einige der größten Flunkerinnen waren die Frauen, die wegen Ihres sexuellen Vermögens berühmt waren - Kurtisanen, Mätressen und Liebesgöttinnen. Wenn in manchen Fällen ihr Leben oder ihr Ruf davon abhing, daß sie sich als heißblütige und erotische Gespielinnen erwiesen, waren diese Damen doch keineswegs bereit, den kleinen Mangel an wahrer Leidenschaft ihre Liebeskunst beeinträchtigen zu lassen. So setzten sie ihre schönen kleinen Köpfe und ihre Körper ganz und gar ein.

Wenn eine Sexgöttin auf der falschen Seite des Bettes aufsteht und ihr Gefährte sie lieben möchte, klettert sie unverzüglich zurück ins Bett und bleibt da, bis sie ihn so weit hat, daß er vor lauter Begeisterung ins Kissen beißt. Sie wird es nicht zulassen, daß das Gerücht umgeht, sie sei eine armselige Bettgenossin.

Wenn einige der wirklichen Prachtweiber in der Welt der Meinung sind, es sei nur vernünftig, hin und wieder so zu tun als ob, dann denken Sie darüber nach, wie Sie es erlernen können, selbst eine Expertin im Flunkern zu werden: Es gibt drei gute Gründe dafür:

1. Sie machen ihn glücklich.

2. Ein glücklicher Liebhaber kommt wieder, und beim nächsten Mal werden Sie wahrscheinlich vor Lei-

denschaft rasen und es kaum erwarten können, mit ihm zu schlafen.

3. Manchmal flunkern Sie sich, wenn Sie eine wirklich geübte Schauspielerin sind, direkt in einen *wirklichen* Orgasmus hinein.

Um eine fabelhafte Flunkerin zu werden, gehen Sie noch einmal jede Drehung, jede Anspannung der Muskeln und jede Reaktion des Körpers durch, die zum Orgasmus führen und ihn zustande bringen, und üben Sie den Vorgang so lange für sich, bis Sie ihn genau nachahmen können.

Aber halten Sie sich immer vor Augen, daß - ganz gleich, wie wütend Sie auf ihn sind, ganz gleich, wie sehr Sie ihn zu irgendeinem Zeitpunkt verletzen möchten, ganz gleich, wie sehr Sie ihn zeitweilig vernichten möchten - Sie ihm *nie, nie* enthüllen dürfen, Sie hätten manchmal im Bett gespielt.

Sie würden damit ein Vertrauen verletzen, das alle weiblichen Wesen auf der Welt miteinander verbindet.

Es gibt einige Geheimnisse, die ein Geschlecht nie dem anderen verraten sollte. Dies ist eins davon.

Und noch einmal von der praktischen Seite gesehen - wenn Sie damit herausplatzen und später die Verstimmung wieder ausbügeln, werden Sie einen Teil von ihm verloren haben, denn er wird Ihnen nie mehr ganz vertrauen und im Bett nicht mehr seine ungetrübte Freude an Ihnen haben.

Dies ist ein sehr harter Preis, den man für einen allzu »vollgenommenen« Mund bezahlen muß.

19

Orgasmus - der seine, nicht der Ihre

Ich habe in meinem Leben noch nichts Lächerlicheres gehört als den Unsinn, der in den letzten Jahren verbreitet wurde, daß nämlich zwei Menschen nur ungeschmälerte sexuelle Erfüllung zusammen finden können, wenn sie gleichzeitig einen Orgasmus haben.

Diese Art von Propaganda ist traurig, denn die Paare, die daran glauben, berauben sich selbst eines der besten Augenblicke beim Sex - zu fühlen, wie der Partner zum Höhepunkt kommt. Eine Frau ist dabei von einer besonderen Sanftheit, Zärtlichkeit, Stolz und, ja, sogar einem Gefühl der Macht durchdrungen - alles Empfindungen, um deren Kenntnis sie sich selbst betrügt, wenn sie mit ihrem eigenen Orgasmus beschäftigt ist, während er den seinen hat.

Da haben Sie nun alle diese liebevolle Mühe aufgewandt, um ihn sexuell zu erregen und ihm zu gefallen. Haben Sie nicht auch ein Anrecht darauf, bei der Gipfelbezwingung als einem Ergebnis Ihrer Kunst zugegen zu sein? Sie können eine ganze Reihe von Höhepunkten während eines Geschlechtsaktes haben, aber er wird wahrscheinlich nur einen haben, so lassen Sie sich nicht von irgendwelchen Ehe-Ratgebern so weit beschwatzen, daß Ihnen der Augenblick entgeht, wenn er in Ihnen explodiert. *Fühlen* Sie die Zuckungen seines Penis' und seines ganzen Körpers, wenn er sich völlig dem Entzükken über Ihren Körper ergibt und seine Liebe in Ihre Liebeshöhle verströmt.

Er wird Ihnen nie mehr gehören als in diesem Augenblick.

20

Liebe, Liebe, herrliche Liebe

Ich habe soviel über sensibles Tasten, körperliche Geschicklichkeit und sexuellen Appetit geredet, habe betont, wie wichtig es ist, sich dem Liebesakt mit echter Begeisterung hinzugeben.

Ich habe Sie vor dem gefährlichsten sexuellen Feind der Frau gewarnt: Gewohnheit.

Ich habe Sie auf Ihre größten Verbündeten beim Versuch, einen Mann sexuell zu fesseln, hingewiesen: Phantasie, Sinn für seine Stimmungen und Wünsche und den Mut, neue Techniken, lockende Situationen und Orte auszuprobieren.

Und ich habe Fingerzeige gegeben, wie man sich mit größerem Erfolg aus dem Gestrüpp seinen Traummann herauspflückt.

Aber habe ich genug über die *Liebe* gesprochen?

Denn allein die Liebe macht aus der Frau eine ganze Frau. Und verleiht ihrer Existenz ein sinnvolles Ziel. Achten Sie sie, schwelgen Sie in ihr und lernen Sie, sie zu *verstehen.*

Sie können sich ohne Liebe am Sex ergötzen und körperlich befriedigt werden, aber nur mit Liebe können Sie eine *Erfüllung* finden.

Ich empfehle die Liebe mit allem Nachdruck.

Sie wird Ihnen nur das Herz brechen, wenn Sie:

1. Bei der Wahl des Objekts Ihrer Zuneigung ein schlechtes Urteil beweisen.

2. Es versäumen, die gänzlich andere Rolle zu begreifen, die die Liebe im Leben eines Mannes spielt.

Viele Frauen haben unnötig gelitten und sich verletzt, gequält und verärgert gefühlt, weil sie nicht verstanden, daß ein Mann anders liebt als eine Frau.

Für einen Mann sind Liebe und Leben voneinander getrennte Dinge. Für eine Frau ist die Liebe das Leben selbst.

Werden Sie sich darüber völlig klar, und Sie ersparen sich eine Menge Tränen.

Es ist nicht unnatürlich für ihn, Sie gelegentlich für Stunden gänzlich zu vergessen, obgleich er Sie sogar innigst liebt. Aber es ist natürlich für Sie, ihn nicht aus Ihrem Geist und Körper verbannen zu können, gleichgültig, wie sehr Sie sich bemühen.

Zum Teil ist dies mit der verschiedenen Art der Betätigung zu begründen, die seine und Ihre Tage ausfüllt. Vieles von dem, was Sie tun, schafft eine Verbindung zu ihm, während seine Beschäftigung völlig von

Ihnen losgelöst ist. Wenn Sie einkaufen gehen, wählen Sie die Nahrungsmittel mit seinem Geschmack im Sinn. Wenn Waschtag ist, gehen Sie mit seinen intimen Kleidungsstücken um - Unterwäsche, Socken etc. - und denken automatisch an ihn. Sobald Sie ein neues Kleid anprobieren, überlegen Sie: »Wird er es hübsch finden?« Wenn Sie sein Konto überziehen oder sein Lieblingsmesser ruinieren, indem Sie damit eine klemmende Schranktür aufbrechen, sind sie beunruhigt wegen seines möglichen Ärgers.

Aber keine seiner Tätigkeiten während des Tages ist dazu angetan, ihn an Sie zu erinnern. In dem dreißig Seiten langen Bericht, den er über die Wirtschaftlichkeit der Kugellagerindustrie ausarbeitet, gibt es nichts, das seine Gedanken dazu verleiten könnte, zu Ihnen zu wandern. Er wird nicht über Ihre mögliche Reaktion nachgrübeln, wenn er eine Versammlung seiner Abteilung ansetzt, um über die neue Werbekampagne für Hochleistungstraktoren zu beraten. Sie mögen sich Sorgen darüber machen, wie wohl seine Verabredung bei den Verkaufsverhandlungen heute morgen verlief, aber er wird nicht einen Gedanken daran verschwenden, ob Sie heute morgen das Kinderzimmer putzen oder ob Sie ohne Hindernisse das Mittagessen für die Gäste über die Bühne bringen konnten. Der einzige Zeitpunkt, da er wahrscheinlich an Sie denken wird, ist, wenn er sich mittags die Speisekarte ansieht. Er wird Vermutungen darüber anzustellen versuchen, was Sie zum Abendessen planen, damit er nicht zweimal am Tag Lammkoteletts oder Frikadellen essen muß.

Abgesehen davon, daß seine tägliche Beschäftigung ganz anders aussieht als die Ihre, ist mit seiner Arbeit auch noch ein psychologischer Aspekt verbunden, der von vornherein ausschließt, daß er herumsitzt und in Träumereien über Sie versinkt. Und der besteht darin, daß Männer mit Ihrer Karriere genauso verheiratet sind und ihr gegenüber dieselben leidenschaftlichen Gefühle entwickeln wie gegenüber Frauen. Ich befürchte, das ist nun mal die Natur des Mannes. So lassen Sie es gut sein und akzeptieren Sie die Realität und die Unentrinnbarkeit der Situation.

Da er nun einmal unfähig ist, Sie die ganzen hundert Prozent der Zeit zu lieben, sollten Sie da Vergeltung an einer ganzen Gattung üben?

Bestimmt nicht! Sie bewiesen nichts als Schwachsinn, gingen Sie gegen Ihre Natur vor, und betrögen sich selbst um viele zärtliche, sanfte, völlig weibliche Augenblicke wie über seine wunderbaren Eigenschaften und liebenswerten Angewohnheiten in den Tag hineinzuträumen; oder die wohlige Erregung, die jeden Tag sein Heimkommen ankündigt, oder die vielen wohlüberlegten Dinge, die Sie liebevoll unternehmen, um sein Leben behaglicher zu machen, und die Ihnen soviel Befriedigung geben.

Wir Frauen sind zum Lieben geboren, und nur wenn wir mit Haut und Haaren lieben, sind wir glücklich.

Deshalb - Liebe, Liebe, herrliche Liebe.

Haben Sie *keine* Angst davor.

Lassen Sie *unbedingt* die Liebe zu jedem Zeitpunkt in Ihr Leben mit einfließen.

21

Zufriedenheit

Hier sind wir nun am Ende. Ich werde nie wieder ein Buch schreiben, selbst wenn ich eine Methode finde, wie man in einer einzigen Minute fünfzig Orgasmen haben kann.

Da ich eine typische Frau bin, habe ich eine der wesentlichsten Aussagen für den Schluß aufgehoben, und eine Menge Leute werden auf mich loshacken, wenn ich nicht eines klarstelle: Ich bin keine Psychiaterin, Psychologin, Frauenärztin, studierte Wissenschaftlerin oder sonstige Art von Expertin. Ich komme noch nicht einmal mit der Drehtür oder dem elektrischen Büchsenöffner zurecht, geschweige denn mit den Stapeln von Fachaufsätzen über die Sexualität des Menschen.

Dies ist ausschließlich ein »inoffizielles« Buch einer

Nichtexpertin, die nun mal gerade richtig liegt. (Verzeihen Sie das Wortspiel.)

Einer unglaublich glücklichen Nichtexpertin, denn während ich hier liege (wahrscheinlich sollte ich das nicht so offen zugeben, aber ich schreibe im Bett) und der *Sinnlichen Frau* den letzten Schliff gebe, befindet sich neben mir der Mann, von dem ich immer geträumt habe und den zu bekommen ich bis vor fünf Jahren nie eine Chance gehabt hätte.

Ich habe seine Liebe dadurch errungen, daß ich eine sinnenbejahende Frau geworden bin, und so erreiche ich es, daß er weiterhin jeden Abend mit Feuereifer zu mir nach Hause zurückkehrt. Um ihn zu bekommen, habe ich in etwa all das getan, was in diesem Buch steht. Ich weiß, daß meine Methode funktioniert, selbst wenn alle Chancen sich gegen mich verschworen zu haben scheinen. Sie hätten meine Konkurrentinnen sehen sollen! Die eine Dame sah aus wie Grace Kelly, und die andere war der Sophia Loren ebenbürtig. Auch jetzt - nicht einmal an meinem besten Tag - könnte ich jenen beiden Damen, die nicht weniger intelligent, charmant und geschickt als schön waren, nicht das Wasser reichen.

Doch er hat diese beiden hinreißenden Kreaturen meinetwegen verlassen. Glauben Sie mir, es war kein Zufall. Ein Wunder vielleicht, aber ein Zufall, nein.

Ich habe mich aufgemacht und mir ein wahrhaft schönes sexuelles und romantisches Leben aufgebaut, und Sie werden, das glaube ich von ganzem Herzen, dasselbe Wunder der Liebe und Erfüllung finden, wenn Sie sich nach der Methode dieses Buches richten.

Dann ans Werk. Kommen Sie in Bewegung. Eine wunderbare Zeit liegt vor Ihnen! Denken Sie nur an all das Glück im Liebesleben und jene herrlichen Männer, die Ihnen über den Weg laufen.

Sie werden jubeln, eine sinnliche Frau zu sein.

Wenn Sie mich jetzt entschuldigen wollen, ich bin gerade dabei, mich umzudrehen und, indem ich mit dem »Schmetterlingsflattern« und dem »Seidenen Strudel« beginne, den Meinigen und *mich* zur Ekstase zu treiben.